빠르게 보는 돈의 역사

일러두기

이해를 돕기 위해 원서에 표기된 달러를 원화로 계산해 적은 경우, 1달러당 1176원으로 계산해 대략적으로 적었습니다.
환율은 계속 변하므로 2018년~2022년 5년 동안의 평균 환율 약 1176.52원을 기준으로 삼았습니다.
참고로 한국은행 경제통계시스템 사이트에서는 환율, 금리, 경제 성장률 등 다양한 통계 지표를 찾아볼 수 있습니다.

빠르게 보는 돈의 역사

물물 교환에서 비트코인까지

클라이브 기퍼드 글 | 롭 플라워스 그림 | 한진수 옮김

차 례

- 6　들어가는 말
- 8　돈이 생기기 전에는
  돈이 없던 원시 시대
- 10　열심히 일한 사람에게 보너스를!
  선물
- 12　찾고, 협상하고, 교환하기
  물물 교환
- 14　소중한 암소
  가치 저장 수단
- 16　반짝반짝 빛나는 것들
  금과 은
- 18　단단하고, 희귀하고, 작은 것
  조개껍데기
- 20　금속을 돈으로 사용하다
  메소포타미아
- 22　세계 최초의 은행 대출
  부채
- 24　이자에 대한 이자
  단리와 복리
- 26　동글납작한 금속 돈
  최초의 주화
- 28　주화에 열광한 나라들
  주화의 대유행
- 30　길거리 은행
  고대 그리스의 은행
- 32　돈 때문에 노예가 되다
  고대 세계의 부채 노예제
- 34　돈이 나오는 신전
  로마 제국의 화폐
- 36　통화 발행 비용을 줄여라
  로마의 물가 상승
- 38　유럽 암흑기의 피 묻은 돈
  속죄금
- 40　통일된 나라엔 통일된 돈!
  고대 중국의 엽전
- 42　날아다니는 돈
  지폐의 탄생
- 44　가장 무거운 화폐
  여러 나라의 색다른 돈
- 46　만사 무사의 엄청난 금
  세계 최고의 부자
- 48　돈을 다 날려 버리다
  파산
- 50　유럽 왕족과 거래한 은행가
  메디치 가문
- 52　희망을 안고 주식 사기
  주식과 지분
- 54　카카오 콩이 돈이라고?
  아즈텍과 잉카의 돈
- 56　은을 빼앗은 정복자들
  아메리카 대륙의 은
- 58　종이로 문제를 해결하다
  종이돈의 인기
- 60　주화 깎기로 돈 벌기
  뉴턴이 발명한 주화 모양

62	**최초의 현대식 중앙은행** 국립 은행
64	**세계적인 금융 재벌** 로스차일드 가문
66	**기계로 생산하는 주화** 조폐국
68	**동전은 어떻게 만들까?** 주화의 대량 생산
70	**강력한 1달러짜리 지폐** 미국의 지폐
72	**엄청나게 치솟은 물가** 초인플레이션
74	**위조범의 사기극** 화폐 사기
76	**월스트리트 대폭락!** 대공황
78	**모든 재화와 서비스의 가치** 국내 총생산
80	**요새화된 금 보관소** 포트 녹스
82	**플라스틱 카드** 최초의 신용 카드
84	**플라스틱으로 지폐를 만든다고?** 폴리머 지폐
86	**돈을 뽑는 기계** 현금 자동 입출금기 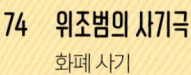
88	**가난한 사람들을 위한 은행** 소액 대출 은행

90	**은행을 거치지 않는 대출** 크라우드펀딩과 P2P 대출
92	**같은 돈을 쓰는 나라들** 통화 동맹과 유로
94	**특별한 동전 모으기** 기념주화
96	**마술을 부리는 은행?** 부분 지급 준비금 제도
98	**세계 금융 위기** 세계 경제
100	**암호 화폐의 탄생** 비트코인
102	**전 세계의 백만장자는 몇 명일까?** 재산과 불평등
104	**현금의 종말?** 전자 화폐
106	**돈은 어떻게 변화할까?** 미래의 돈
108	**돈의 연대표**
112	**돈을 모으는 방법**
114	**충동구매 금지**
116	**돈과 관련된 사고**
118	**돈 퀴즈**
120	**돈과 경제를 더 공부하기**
124	**용어 설명**
126	**찾아보기**

들어가는 말

현금, 쩐, 쇳가루, 배춧잎, 은행잎… 우리가 **돈***을 부를 때 쓰는 말이야. 참으로 많지 않아? 돈의 이름은 많은데 우리 주머니에 있는 돈은 한 번도 넉넉했던 적이 없어.

이 세상에 있는 돈은 얼마나 될까? 음, 대략 **36조 8,000억 달러**가 있다고 추정해. 종이돈(지폐)과 동전(주화), 자유롭게 입출금할 수 있는 은행 예금으로 유통되고 있는 돈을 합친 거야. 그런데 이건 빙산의 일각에 지나지 않아.

오늘날 세상에 있는 돈은 대부분 컴퓨터에 저장되어 있거나 컴퓨터 네트워크를 통해 흘러 다니고 있어. 이 밖에 여기저기에 투자된 돈이 수조 달러 더 있지.

돈은 상상력이 풍부한 **인간의 발명품**이야. 사람들이 가치 있다고 인정하는 어떤 물건을 활용하면 사고파는 일을 더 편리하게 할 수 있다는 발상에서 생겨난 거지. 그 '어떤 물건'은 차(찻잎), 치즈, 빵이 될 수도 있고 암소, 커다란 바위, 고래 이빨, 심지어 아이(아즈텍 사람들은 아주 못됐어)까지, 그야말로 거의 모든 것이 될 수 있어.

* 전문가들은 돈을 화폐나 통화라고 불러. 이 책에서는 돈이라고 할게. 물론 필요하면 화폐나 통화라고도 할 거야.

사람들은 돈을 사용한 덕분에 가치를 더 쉽게 재고 더 편리하게 비교할 수 있게 되었어. 물건의 가격이나 가치를, 그리고 하는 일의 가격과 가치를 매길 수 있게 되었지.

이 책은 돈이 생겨나기 전부터 비트코인을 거래하는 오늘날에 이르기까지, 신기한 돈의 역사 속으로 우리를 안내할 거야. 이 여행을 마치면, 역사상 가장 부유했던 사람이 누구인지, 은행이 어떻게 돈에서 돈을 창조하는지 등을 알게 되고 돈과 너의 미래를 생각해 보게 될 거야.

자, 준비됐어? 그럼, 먼저 돈이 존재하지 않았던 시대로 가 보자! 거기서부터 **돈 이야기**를 시작할 거야.

돈이 생기기 전에는

돈이 존재하지 않는 세상은 어떨까? 잠시 상상해 봐. 분명히 온갖 종류의 질문이 머릿속에 떠오를 거야.

음, 1만 2,000년도 더 된, 아주 오래전 이야기야. 애호박도 컴퓨터도 없던 시대야. 당연히 정부, 세금, 가게라는 것도 없었지. 쇼핑몰이나 시장에서 하루를 보내는 일은 결코 일어날 수 없었어.

옛날 사람들은 여기저기를 떠돌아다니는 **유목민**으로 살았어. 그들은 짐승과 새를 사냥하고 식물, 과일, 씨앗, 뿌리를 채집해서 먹고 살았지.

집 없이 계속 이동하며 살 때는, 살아가는 데 필요한 것들이 그리 많지 않았어. 몸을 따뜻하게 해 줄 동물 가죽, 뭔가를 자르고 긁을 수 있는 날카로운 돌, 자신을 보호하고 사냥하는 데 쓸 뾰족한 막대기 정도만 있으면 살아가기에 충분했을 거야.

오늘날에도 일부 지역에서는 여전히 이런 삶을 사는 사람들이 있어. 아마존 열대 우림의 아와족, 인도양의 센티넬족 등 문명과 고립된 몇몇 부족은 여전히 **사냥**하고 **채집**하며 돈 없이 살고 있지.

열심히 일한 사람에게 보너스를!

누구나 선물받는 것을 좋아해. 선물을 주는 것도 좋아하지. 옛날에 어떤 사람들은 자신이 필요로 하는 것과 다른 사람이 필요로 하는 것을 구하려고 **선물**을 주고받았어.

예를 들면, 그날 사냥하거나 채집한 음식을 다른 사람에게 선물로 주었어. 이 선물은 일종의 **보험**이었지. 심지어 솜씨 좋은 사냥꾼도 선물을 주었어. 그래야 운이 나빠서 사냥에 실패한 날에도, 배고픔을 피할 수 있었으니까 말이야.

선물을 많이 주는 사람은 다른 사람들한테 인기를 끌어서, 자신의 지위와 권력을 쌓는 데 도움이 되었어.

인간은 약 1만 년 전에 **정착 생활**을 시작했는데, 정착 생활을 하면서도 꽤 오래 선물 주기 방식을 유지했어. 사람들은 여기저기를 떠돌아다니는 대신 한곳에 머무르며 땅을 갈아 농사를 짓고 가축을 기르기 시작했어. 그 결과 사람들이 소유하는 물건들의 양이 아주 많아지기 시작했지.

선물을 의무적으로 주는 부족이나 사람들도 있었어. 이들은 각자 남는 곡식과 물품을 한곳에 모았다가 골고루 나누어 주었던 거야. 예를 들어, 하우데노사우니라는 아메리카 원주민들은 나이가 많은 여자들로 위원회를 구성하고, 나무로 지은 긴 집에 저장해 놓은 농작물을 누구에게 나누어 줄 것인지를 결정했어.

남쪽으로 수천 킬로미터나 떨어진 곳에 있던 **잉카인**들은 한 걸음 더 나아갔어. 이 강력한 제국에는 돈도, 시장도, 상인도 없었어. 잉카 제국의 통치자들은 사람들에게 노동을 시키고 음식, 연장, 옷 같은 생활필수품을 주었어. 이런 제도를 '미타'라고 해. 가장 열심히 일한 사람은 보너스로 선물을 더 받고, 가장 게으른 사람은 매질을 당하거나 죽임을 당하기도 했대.

찾고, 협상하고, 교환하기

물물 교환은 약 8,000년 전 중동과 아시아 지역에서 시작되었다고 전해지고 있어. 자세한 기록이 남아 있지 않아서 아무도 정확한 시기를 확신하지는 못해. 왜냐고? 당시에는 기록할 수 있는 문자가 아직 발명되지 않았거든.

이제 네가 매우 많은 사과를 생산한 당시의 농부라고 상상해 봐. 그리고 너는 사과를 조금 주고 달걀 낳는 암탉을 구하길 원하고 있어.

그렇다면 너는 암탉을 여러 마리 가지고 있고 사과를 원하는 사람, 그리고 너와 같은 시점에 거래하기를 원하는 사람을 찾아야 해.

하지만 그런 사람을 찾기란 쉽지 않겠지? 다행히 거래에 관심 있는 상대방을 찾았다 하더라도 끝난 게 아니야. 사과와 암탉을 몇 대 몇의 비율로 교환해야 공정한지를 그 사람과 **협상**해야 해.

때로 사람들은 자신이 원하는 물건을 얻기까지 여러 차례의 물물 교환을 거쳐야 했어.

사과 >> 보리 >> 무화과 >> 암탉
만세!

물물 교환은 지금도 하고 있어. 친구들끼리 장난감, 옷, 캐릭터 카드 같은 것을 서로 교환하지? 이게 바로 물물 교환이야. 축구 선수가 구단을 옮길 때에도 아주 가끔 물물 교환을 활용해. 1927년, 축구 선수 휴 매클레너한은 아이스크림으로 가득 찬 냉동고 두 개를 받고 맨체스터 유나이티드 구단으로 옮긴 적이 있어.

교환할 물건들, 즉 **상품**이 많지 않았던 오랜 옛날에는 그나마 물물 교환이 그럭저럭 작동했어. 그런데 정착 생활이 늘면서 상황이 복잡해졌어. 사람들이 도기나 보석류부터 도구나 무기에 이르기까지 점점 더 많은 물건을 만들었고, 또 원하게 되었거든. 물물 교환 할 상대를 찾는 것도 어려웠지. 문제는 이것만이 아니었어…

소중한 암소

　물물 교환에는 좋은 점도 있었지만, 동시에 나쁜 점도 있었어. 만약 팔려는 물건의 가치가 사려는 물건의 가치보다 훨씬, 훨씬 크다면 어떻게 될까? 만약에 그것이 농작물이라면 나눌 수 있겠지만, 옷이나 칼 같은 것은 절반으로 쪼갤 수 없잖아. 쪼개는 순간 양쪽 모두에게 쓸모없는 물건이 되어 버릴 테니까.

　옛날 사람들이 교환했던 것 가운데는 신선함이 오래가지 않는 농작물이 많았어. 농작물이 시들어 가치를 잃어버리기 전에 거래해야 한다는 부담감이 컸지.

　물물 교환 하려는 사람이 나타났다 해도, 자신들이 가지고 있는 농작물이나 가축은 여전히 자라는 중이라 아직 준비가 되지 않았을 때도 있었어.

이와 같은 문제를 해결하려고 사람들은 **차용증**이라는 것을 발명했어. 차용증은 나중에 갚겠다는 약속 증서 같은 거야. 옛날 사람들은 대부분 한곳에서 평생 살았기 때문에 빚진 사람 찾는 일이 어렵지 않았어.

이와 다르게, 더 오랫동안 가치를 유지하는 물건을 소유하는 방법도 있었어. 암소의 수명은 15년 이상이야. 암소는 사람들에게 날마다 우유를 줄 뿐 아니라, 죽고 나면 고기와 가죽도 주었지.

암소를 나중에 다른 것과 교환할 수 있다는 사실을 알게 된 사람들 가운데 소 떼를 키워서 재산을 보유하려는 사람들이 나타났어. '두*'라는 뜻의 라틴어(caput)에서 오늘날 재산이나 금융 자산을 뜻하는 영어 단어(capital)가 유래했어.

암소가 **'가치 저장 수단'** 역할을 하게 된 거야.

* 소나 말 같은 동물을 셀 때 쓰는 단위야. '마리'와 비슷한 말이지.

반짝반짝 빛나는 것들

암소가 나름 중요한 역할을 했지만, 오랜 여행길에 현금으로 쓰려고 소들을 데리고 다닐 수는 없는 노릇이었어. 사람들 대부분이 원하고 가치 있다고 인정하는 것, 그리고 가지고 다니기에 더 편리한 무엇인가가 필요했어. 이에 대한 답은 금과 은 같은 귀금속이었지.

금은 매우 귀해서 충분한 가치가 있어. 오래 반짝거릴 뿐 아니라 모양도 만들기 쉽지만, 도구, 쟁기, 칼 같은 것들을 만들 만큼 강하지는 않아. 당시 금속 세공인들은 금을 망치로 두들겨서 얇은 판으로 만들고, 가는 실로 뽑아낼 수 있었어. 금 1그램으로 2킬로미터 이상의 실을 뽑아낼 수 있대. 놀랍지?

> 과학자들은 지금까지 채굴된 금을 모두 합치면 올림픽 수영장 세 개 정도를 메울 거라고 생각해.

1972년에는 불가리아 바르나 호수 근처에서 아주 놀라운 것이 발견되었어. 그것은 금으로 만들어진 가장 오래된 보물들이었지. 무려 6,200~6,600년 전에 만들어진 거래.

기원전 3600년 무렵에, 이집트의 금속 세공인들은 암석 덩어리를 녹여 금을 분리하는 기술을 가지고 있었어. 기원전 3100년 이집트에는 이미 **환율**(교환 비율)도 존재했지. **금의 가치**는 같은 무게의 은보다 2.5배 컸어 (지금은 80~90배 이상 커).

이집트와 그 주변에서 발견된 금은 대부분 파라오의 보물 창고로 들어갔어. **투탕카멘**이라는 유명한 파라오가 묻힌 관은 약 110킬로그램의 순금으로 만들어졌어. 정말 엄청난 돈이 들어간 셈이야!

금은 여러 지역에서 돈으로 쓰이며 인기가 높아졌지만, 지구상에 있는 모두가 금을 그렇게 높게 평가한 것은 아니야. 200년쯤 전에, 금화로 가득 찬 상자 하나가 피지 제도의 해안에 밀려온 적이 있어. 이 섬에서는 금의 가치가 보잘것없었어. 태평양에 널려 있는 돌을 보듯이 금화를 쳐다보며 그저 즐기기만 한 피지인들이 있었대.

말 그대로 거금을 날린 거지!

단단하고, 희귀하고, 작은 것

당시 피지 제도 사람들에게는 금 말고 자신들만의 가치를 저장하는 다른 물건이 있었어. 바로 향유고래의 이빨, **타부아**였지. 어떤 것은 무게가 1킬로그램이나 되었는데, 그 이상인 것도 있었대.

옛날에는 금과 은을 가지고 있지 못한 부족들도 많았어. 이들은 각자의 세계에서 희귀한, 다른 물건들을 가치 저장 수단으로 선택했어. 그 물건이 가치를 저장하는 역할을 제대로 수행하려면, 물건의 가치가 오래 유지되어야 하고 쉽게 사라지거나 부서지지 않아야 했을 거야.

쉽게 녹는 얼음은 당연히 돈으로 쓰인 적이 없겠지. 차라리 **조개껍데기**가 더 좋았을 거야. 조개껍데기는 튼튼하고, 어떤 것은 개오지처럼 희귀하고, 대부분은 작았으니까. 매끄러운 달걀 모양의 개오지 껍데기는 태평양과 인도양에서 발견돼.

개오지 껍데기는 **아프리카**와 **아시아**의 일부 지역에서 돈으로 널리 쓰이기 시작했어. 몰디브 사람들은 야자수 잎으로 엮은 돗자리를 바닷가에 내놓고, 개오지가 잡혀 자신들을 부자로 만들어 주기를 바랐대.

3,400년 전쯤, 중국 내륙 지역에서는 남중국해에서 가져온 개오지 껍데기를 돈으로 활용하기 시작했어. '돈'을 뜻하는 한자는 조개껍데기의 모양을 본뜬 거야.

각 조개껍데기를 '패'라고 불렀고, 끈으로 열 개 정도를 꿰어 놓은 조개껍데기 묶음을 '팽'이라고 불렀어. 貝(패)는 조개라는 뜻이야. 20팽 정도면 농장 두세 개를 살 수 있었대. 중국 최초의 여성 장군으로 알려진 푸 하오가 기원전 1200년에 묻힌 무덤에서 조개껍데기 6,900패가 발견되었어. 사망 당시 푸 하오의 재산이 아주 많았음을 알 수 있지.

기원전 1000년 무렵, 중국은 청동으로 모조 개오지 껍데기를 만들기 시작했어. 그러나 금속의 무게를 정해서 돈으로 사용한 최초의 사람들은 중국인들이 아니야.

금속을 돈으로 사용하다

메소포타미아(지금 이라크가 있는 곳)에는 똑똑한 사람들이 넘쳐났어. 5,000여 년 전, 이곳에서 바퀴, 문자, 쟁기 등 인간의 생활을 매우 편리하게 해 준 것들이 많이 탄생했지. 특정한 무게를 지닌 **금속**을 돈으로 처음 사용하기 시작한 곳도 바로 메소포타미아야.

그때 사용한 금속은 은이었는데, **셰켈, 미나, 달란트**라는 무게 단위로 구분했어. 1셰켈은 은 8.4그램 정도였지. 평범한 메소포타미아 사람이 1셰켈을 벌려면 약 17일 동안 나무에 접붙이는 작업을 해야 했대.

1미나는 60셰켈, 1달란트는 60미나였어. 그러므로 1달란트는 약 30킬로그램의 은에 해당하지. 이 무게가 보통 어른이 편하게 운반할 수 있는 최대치라고 생각했던 거야.

　보리 같은 농작물의 무게를 재서 물물 교환 하고 거래하는 일도 있었지만, 땅처럼 큰 것을 살 때나 범죄에 대한 **벌금**을 낼 때는 은의 무게를 정하는 일이 참으로 중요했어.

　현재 존재하는 가장 오래된 법전은 점토판에 기록되어 있는데, 남부 메소포타미아 지역에서 발견되었어. 약 4,100년 전 우르남무 왕이 만든 거야. 제1조는 살인을 저지른 사람을 사형에 처하도록 규정하고 있어. 강도질한 사람은? 사형. 다른 사람 땅에 홍수를 내면? 흠, 보리로 물어 주어야 해. **법전**에는 다음과 같은 벌금들도 실려 있어.

- 다른 사람의 이를 부러뜨리면 2세켈
- 다른 사람의 다리를 베면 10세켈
- 구리 칼로 다른 사람의 코를 상하게 하면 3분의 2미나

　벌금은 누구의 손에 들어갔으며, 누가 은의 무게를 재고 보관하는 일을 맡았을까?

세계 최초의 은행 대출

메소포타미아의 **성직자**들이 은의 무게를 판정하고 은을 안전하게 보관했을 거야. 메소포타미아 사람들은 은을 사용하기 전에는 점토로 만든 증표를 사용했대. 점토 증표에는 암소나 양, 또는 기타 소유물의 그림을 간단하게 그려 넣었어.

증표는 그 사람이 지고 있는 빚을 기록하는 역할을 했어.

예를 들어 새끼 양이 태어나면 누군가에게 그것을 내놓겠다는 약속을 표시해 놓은 거야.

이 지역 **신전** 가운데 몇몇 곳은 5,000년 전쯤 처음으로 **은행** 역할을 했어. 당시에는 귀중품을 신전에 보관하는 것이 안전했지. 신전은 가장 튼튼한 건물 가운데 하나였고, 도둑들도 신의 뜻을 거스르는 것이 두려워 신전에서는 물건을 훔치려 하지 않았으니까. 하지만 은행이 귀중품 보관료를 조금 떼어 가는 건 어쩔 수 없었어.

오늘날 은행은 돈을 안전하게 보관해 주는 특권을 누리는 대가로 고객에게 **이자**라는 약간의 돈을 줘. 옛날에 비하면 아주 좋은 조건이야. 옛날 은행들은 돈을 보관해 주는 대가로 맡긴 재산의 60분의 1 정도를 **수수료**로 받았거든.

누가 무엇을 가지고 있는지 등의 재무 상태를 기록하려고, 메소포타미아의 수메르인들은 최초로 문자를 발명했어. 그들은 갈대로 숫자를 나타내는 모양을 평평한 판에 새겼던 거야. 이 평평한 판을 무엇으로 만들었을지 맞혀 봐. 그래, 점토였어!

메소포타미아의 신전들은 농부에게 씨앗이나 농기구들을 (아니면 씨앗이나 농기구 등을 살 수 있는 은을) 빌려주었어. 최초의 **은행 대출**이라고 할 수 있지. 농부들이 수확하면, 빌려 간 것을 이자와 함께 갚을 것이라고 믿었던 거야.

이자에 대한 이자

사람들에게 씨앗이나 농기구들을 빌려주는 게 순전히 친절함 때문이었다고 볼 수는 없어. 사람들은 빌린 것 말고도 약간의 돈, 즉 **이자**를 더해서 돌려줘야 했거든. 메소포타미아 사람들은 오늘날까지 이어지고 있는 두 가지 형태의 이자를 만들어 냈어. 단리와 복리야. **단리**는 꽤 간단해. **이자율***은 대출 금액(원금)에 대한 이자의 비율이야. 백분율로 표시해. 만약 네가 월 5퍼센트의 이자율로 20마리의 염소를 빌린다면, 한 달 뒤에 네가 추가로 갚아야 할 이자는 염소 한 마리야.

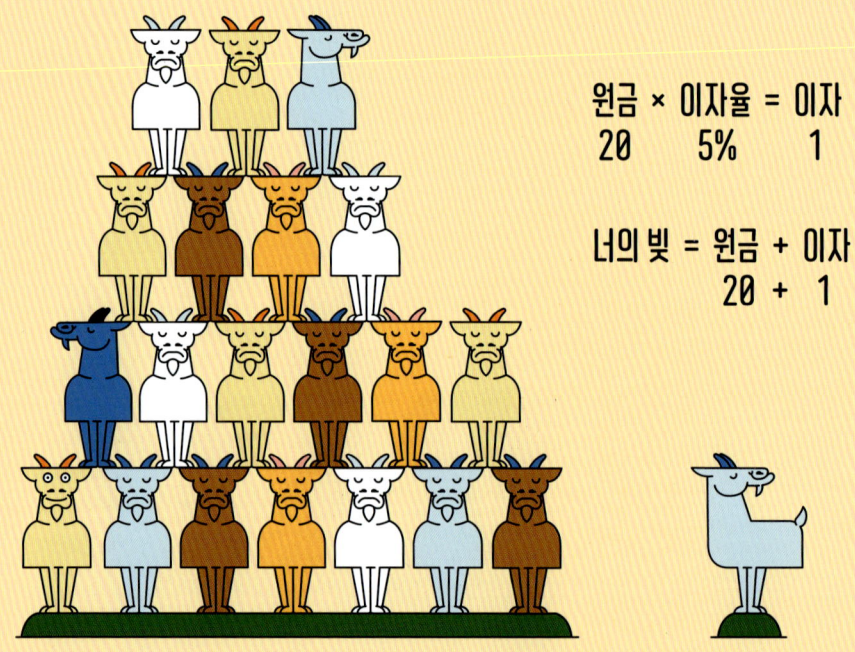

원금 × 이자율 = 이자
20   5%   1

너의 빚 = 원금 + 이자
         20 + 1

네가 매달 5퍼센트로 1년 동안 빌린다면, 이자율은 모두 60퍼센트가 될 거야. 즉, 이자만 계산하면 염소 12마리지. 여기까지는 아주 간단하지? 이제부터 복잡해져….

* 다른 말로 금리라고 해.

복리는 네가 빚지고 있는 원금과 이자 모두에 대해 이자를 계산하는 거야. 바빌로니아인들은 이것을 '이자에 대한 이자'라고 불렀어.

복잡한 계산이 두렵다고? 걱정 마. 우리가 도와줄게. 만약 네가 한 달에 5퍼센트씩의 복리 이자율로 염소 20마리를 1년 동안 빌린다면, 1년 뒤에 네가 갚아야 할 이자는 염소 12마리가 아니라 거의 16마리가 돼. 여기에 갚아야 할 원금으로 염소 20마리를 더해야 하지.

같은 조건으로 1년이 아니라 20년 동안 빌리기로 한다면, 단리의 경우에 너는 총 260마리의 염소를 빚지는 거야.

그런데 이것은 복리 이자에 비하면 아무것도 아니야. 네가 갚아야 할 염소는 무려 2,434,791마리가 돼. 단지 염소 20마리를 빌렸을 뿐인데 말이야. 놀랍지 않니?

복리와 그 결과를 놓고 전쟁까지 벌어진 적이 있어. 이와 관련된 최초의 전쟁은 기원전 2400년 무렵에 움마와 라가시 도시 사이에서 일어났어. 움마가 점령한 라가시 땅에 대한 복리 이자, 즉 많은 양의 보리를 갚지 않았거든.

동글납작한 금속 돈

메소포타미아 지역에서 도시들이 전쟁하고 있을 무렵, 그러니까 약 3,300년 전쯤 **리디아**라는 왕국이 탄생했어. 오늘날의 터키 서부 지역이지. 지중해를 둘러싼 지역들 사이에 무역이 활발하게 이루어지면서 리디아는 매우 중요한 무역 요충지가 되었지.

상인들은 큰 물건을 사고팔 때 일반적으로 은괴와 금괴를 사용했어. 그러나 항구에서 작은 가치의 물건을 거래할 때마다 은괴나 금괴를 조그맣게 쪼개는 일은 쉽지 않았을 거야. 그뿐 아니라 거래할 때마다 은괴와 금괴의 무게를 정확하게 측정하고 확인해야 했어. 그리고 모든 상인이 다 믿을 만하지는 않아서 더러 속이는 사람들도 있었지.

리디아의 왕 사디아테스와 알리아테스의 통치 기간(기원전 650~560년)에 처음으로 작은 원반 모양의 금속 주화가 만들어졌어. 이 주화의 이름은 **스타테르**인데, 모두 무게가 같아서(=240알의 밀) 가치도 같았지. 세계 최초의 주화가 탄생한 거야!

스타테르보다 작은 주화도 있었는데 **트리테**로 불렸어. 트리테의 가치는 스타테르의 3분의 1이었어. 스타테르와 트리테는 **호박금**(엘렉트럼)으로 만들었는데, 호박금은 금과 은이 섞여 있는 합금이야. 리디아를 흐르는 팍톨로스강*에서 많이 발견되었어. 강에서 발견되니 아주 편했겠지!

모든 주화의 가치가 같아지도록 금속 함량을 55퍼센트의 **금**과 45퍼센트의 **은**으로 이루어지도록 미세하게 조정한 것 같아. **구리**도 아주 조금 넣어서 주화가 반짝이도록 했지.

이 돈이 정말로 중요하게 여겨지는 이유는 주화에 공식적인 디자인, 즉 **리디아의 사자**가 새겨져 있기 때문이야. 이 디자인이 곧 진짜 돈이라는 것을 말해 주거든. 리디아 주화가 발행되자 곧이어 고대 세계의 대부분이 주화에 푹 빠지고 말았어.

* 그리스 신화에 나오는 미다스 왕이 탐욕의 때를 씻어 버리고자 목욕한 강이야. 그 후 강에서 금이 나오게 되었다는 전설이 있어.

주화에 열광한 나라들

주화는 눈 깜짝할 사이에 대유행했어. 알리아테스 왕의 후계자인 크로이소스는 **크로이세이드**라는 주화를 만들었어. 순은으로 된 주화와 순금으로 된 주화 두 종류였어. 세계 최초로 **복본위***를 시행한 거야. 크로이세이드 금화 한 개의 가치는 은화 13개의 가치와 같았어. 크로이소스는 돈이 많은 사람으로 유명해졌어.

기원전 546년에 페르시아 제국이 리디아를 정복하면서, 크로이세이드 주화가 페르시아 제국 전체로 퍼져 나갔어. 한편 인도에서는 정사각형 모양의 은화가 사용되었어.

그리스의 도시 국가는 용병들(외국인 군인들)에게 지급할, 가지고 다니기 좋은 돈이 간절하게 필요했어. 주화가 그에 대한 해결책이 되었지. 도시 국가는 주화에 각자의 고유한 **상징물**을 새겨 넣었어. 아테네는 올빼미, 코린트는 페가수스, 올림피아는 독수리, 에페수스는 꿀벌을 새겼어. 셀리눈테의 주화에는 셀러리를 새겼지!

* 금과 은처럼 두 가지 이상의 금속을 동시에 화폐로 사용하는 제도야.

금과 은이 얼마나 많이 들어 있는지에 따라 **주화의 가치**가 정해졌어. 이에 몇몇 도시 국가는 가치보다 약간 가볍게 주화를 만들기 시작했어. 여기에서 아낀 금과 은을 주화를 만드는 비용으로 썼던 거야. 교활했지.

주화는 어떻게 만들었을까? 먼저, 단단한 금속 덩어리에 주화의 한쪽 면 디자인을 새겨 넣어. 아무것도 새겨 넣지 않은 빈 주화를 그 위에 놓은 다음, 반대쪽 면 무늬가 새겨져 있는 금속 덩어리를 올려놔. 이제 망치로 전체를 정말로 세게 내리쳐!

아테네에서 가장 인기 있었던 주화는 **테트라드라크마**야. 이 주화 한 개로 30~40킬로그램의 밀을 살 수 있었어. 테트라드라크마는 고대 세계의 대부분 지역에서 두루 쓰인 최초의 주화가 되었지. 다른 주화들 대부분은 그렇지 못해서 돈 바꾸는 일을 하는 새 직업이 생겨났어. 요즘도 테트라드라크마의 환율은 꽤 좋아. 2016년에 테트라드라크마 한 개가 61만 3,999달러에 팔렸대. 와! 우리 돈으로 환산하면 얼마야?

길거리 은행

낯선 지역에 도착해서 네가 갖고 있는 돈을 그곳에서 쓰는 돈으로 바꿔야 한다면 어떻게 할 거야? 고대 그리스에서는 도시 광장이나 시장으로 가서 **환전상**을 찾으면 되었어. 그런데 어떤 환전상은 정직하지 않아서 믿을 수가 없었어.

시간이 흐르면서 일부 환전상은 사업을 확장했어. 자신의 돈을 빌려주거나 다른 사람의 금품을 맡아서 보관하는 사업을 시작한 거야.

기원전 3000년쯤에는 은행들이 하는 업무 대부분이 신전을 벗어나, 집이나 공공장소에 놓인 책상 위에서 이루어졌어. **은행가**들은 여기에서 돈을 **대출**해 주고 대개는 6퍼센트의 이자를 받았대. 그런데 선박으로 여행해야 하는 **무역상**들에게 빌려주는 돈은 큰 위험이 따랐어. 악천후를 만나거나 해적의 공격을 받아 돈을 빌린 무역상이 무사히 돌아오지 못할 수 있었거든. 그래서 이들에 대한 대출 이자율은 더 높았지. 때로는 20~30퍼센트나 되었어.

두 명의 아테네인이 소유했던 노예 파시온은 피레우스 항구에서 은행가로 일했어. 은행 업무에 대한 열정이 워낙 대단해서 돈을 많이 벌 수 있었지. 마침내 그는 자신이 번 돈으로 노예 신분에서 벗어나 **자유**를 얻었어.

돈을 많이 번 은행가들 가운데 일부는 사업체들을 사들였어. 파시온도 그 가운데 한 사람이야. 그가 산 사업체는 방패를 만드는 공장이었는데, 200명이나 되는 노예가 일했어. 전쟁이 일어나자 그의 사업은 더욱 번창했고, 파시온의 이름은 아테네의 부자 목록에 올라갔어. 더 나아가 그는 1,000개의 방패와 전함 한 척을 아테네에 기증했대. 이 전함은 당시에 가장 크고 최고였다고 해.

이처럼 엄청나게 기부했는데도 파시온의 재산은 70달란트가 넘었는데, 이는 평범한 그리스 사람이 700년 동안 일해도 벌기 힘든 돈이었어.

돈 때문에 노예가 되다

파시온은 자신의 은행 사업을 포르미오에게 물려주었어. 포르미오도 노예 출신이었지. 그렇지만 고대 세계에서 노예가 신분을 바꾸는 일은 결코 쉽지 않았어. 고대 그리스와 기타 지역에 있던 **노예**들 대부분은 전쟁이나 정복지에서 포로로 잡혀 닭이나 소처럼 거래되었어. 그들은 주로 광산이나 농장에서 매우 힘들게 일했지. 심지어 물속 깊이 잠수해 진주와 바다수세미를 캐는 일을 하기도 했어.

빌려 간 돈을 갚지 못한 사람 가운데 일부는 빚 때문에 노예가 되기도 했어. **채권자**(돈을 빌려준 사람)는 돈을 손해 보았지만 그 대신 노예를 얻게 된 거야. 궁핍한 가족이 빌린 대출금을 갚지 못하면 자녀 가운데 한 명을 **부채 노예**로 내놓기도 했어.

빌려 간 대출금을 갚지 못한 사람들은 자유를 얻을 때까지 몇 년이고 노예로서 아무런 대가도 받지 못한 채 일만 해야 했어. 이런 방식을 **부채 속박**이라고 하는데, 전 세계적으로 존재했던 **노예 제도**의 한 가지야. 이론적으로는 노예로 일을 해서 부채(빚)를 모두 갚을 수 있지만, 노예에게 제공되는 음식, 주거, 옷 비용이 모두 부채에 추가된 탓에 현실적으로는 오히려 빚이 자꾸만 늘어났어.

고대 국가에서 최초로 이런 가혹한 관행을 불법으로 규정한 나라가 아테네야. 그렇지만 이 관행은 초기 로마를 비롯한 다른 곳에서 여전히 남아 있었지. 로마에서는 부채 속박을 **넥숨**이라고 불렀어. 로마에서 부채 노예가 되는 것은 완전 노예가 되는 것보다는 약간 나은 상태였어. 부채 노예는 대가를 받지 못하며 일만 하고 매도 맞았지만, 다른 사람에게 팔려 가지는 않았기 때문이야. 그리고 그 모든 괴로움도 언젠가는 끝났겠지… 아마도.

부채 속박 제도는 기원전 326년에 폐지되었어. 그 무렵 로마는 스스로 돈을 벌 수 있는 신전을 소유하게 되었지.

돈이 나오는 신전

로마는 유럽 대부분 지역과 북아프리카까지 점령했을 정도로 강력한 제국이었어. 그러나 로마가 유럽에서 거대해지기 전까지는 로마인들도 공격을 받으며 살았어. 용맹스럽게 로마를 침공한 부족 가운데 **갈리아**가 있어. 기원전 390년 어느 날, 갈리아인들이 한밤중에 로마로 쳐들어갔는데, 거위들 울음소리 덕분에 로마는 적을 물리칠 수 있었어.

고마움을 느낀 로마인들은 거위에게 **주노 모네타***라는 이름을 붙이고, 로마 중심부에 신전을 세웠어. '돈'의 영어 단어(money)는 모네타(moneta)에서 비롯한 말이야. 그리고 신전 안에 돈을 만드는 **화폐 주조소**를 설치했어. 그러니 이 신전은 돈이 나오는 곳이기도 했던 거야. 로마의 화폐 주조소는 처음에 **아이스 시그나툼**이라는 주화를 생산했는데, 무게가 2.5킬로그램이나 되는 커다란 청동 덩어리였어.

* 주노는 로마 신화에 나오는 여신이야. 모네타의 뜻은 '알려 주다', '경고하다'지. 로마인들이 왜 주노 모네타라는 이름을 붙였는지 알겠지?

나중에는 '**애스**'라는 무거운 청동 주화를 생산했어. 기원전 300년에는 애스 한 개가 있으면 여관에서 이틀을 머물 수 있었대. 노예가 자유를 얻으려면 애스 1만 개가 필요했고.

기원전 211년 무렵에는, 4.5그램의 은이 포함된 **데나리우스**가 발행되기 시작했어. 데나리우스 한 개의 가치는 열 개의 애스와 같았는데, 나중에는 16개의 애스와 같아졌지. 이후 약 500년 동안 데나리우스 주화는 로마의 주요 통화로 자리 잡게 돼. 수백만 개의 데나리우스가 발행되었거든.

로마 제국이 성공하는 데 도움이 된 열쇠는 아마도 로마 군대였겠지만, 이 군대를 유지하려면 엄청난 돈이 들었을 거야. 로마 병사 한 군단에 줘야 하는 봉급만 따져도 150만 데나리우스(매우 큰돈) 이상이었으니까…. 그나마 그건 평화로울 때 이야기야. 전쟁이 나면 비용이 훨씬 많이 들어갔어.

통화 발행 비용을 줄여라

로마는 병사들에게 줘야 하는 봉급 말고도 여러 가지 비용을 걱정해야 했어. 불어나는 인구와 나날이 커지는 제국을 유지하는 데는 돈이 많이 필요했기 때문이야. 로마인들의 씀씀이가 커지면서, 로마가 발행한 은화와 새로 발행한 **아우레우스**라고 하는 금화의 꽤 많은 양이 수입 식품과 사치품을 구매하는 데 쓰였어!

로마가 제국을 확장하면서 귀금속을 약탈하거나 광산이 있는 영토를 점령할 때는 금과 은을 구하는 일이 별로 문제가 되지 않았지. 그런데 제국 건설 속도가 느려지면서 **주화 부족** 문제가 로마를 강타하게 된 거야.

로마 황제들은 통화 발행 비용을 줄이는 방법을 쓰기 시작했어. 금이나 은의 함량을 줄여 주화를 가볍게 만들거나, 구리, 주석, 납 등 가치가 떨어지는 다른 금속을 섞어서 주화를 만들었어.

서기 64년, **네로 황제**는 로마의 재정 문제를 해결하려고 발 벗고 나섰어. 데나리우스 은화에 들어가는 은의 양을 3.2그램으로 확 줄여 버렸지. 1그램 미만 정도로 무게가 줄어드는 건 별문제가 아닐 수 있었지만, 은화 가치의 5분의 1 이상이 사라진 건 심각한 문제였지.

상인과 무역상이 바보가 아닌 이상 쉽게 속을 리 있었겠어? 이들은 물건 가격을 올려서 주화를 더 많이 받는 방법을 썼어. 그래야 이전과 같은 양의 은을 받을 수 있으니까. 같은 물건을 사면서 주화를 더 많이 내야 했으니 물가가 올랐지. 그러자 노동자들은 봉급을 더 많이 달라고 요구했어. 이로 인해 주화가 더 많이 필요해졌고, 황제는 주화의 가치를 더 떨어뜨려야겠다는 유혹에 빠졌지.

통화의 가치가 떨어지고 물가가 오를 때, '**인플레이션**'이 일어났다고 해. 서기 300년쯤, 로마의 은화에는 은이 거의 들어 있지 않게 돼. 얼마 지나지 않아 로마 제국은 분열되기 시작했어. 유럽 상황이 캄캄해지고 고꾸라지기 일보 직전이었지.

* 고대 로마인들이 입었던 긴 겉옷.

유럽 암흑기의 피 묻은 돈

'암흑기'라 불리는 시대, **초기 중세 시대**는 서기 476년에 로마가 침략자들에 의해 함락되면서부터 약 500년 동안 이어져. 이 시기에 북유럽 지역에서는 색슨, 프랑크, 알레마니, 고트 등의 부족이 통치했어.

화폐가 다른 지역으로 빠르게 퍼져 나가는 동안에도, 영국에서는 화폐의 전파 속도가 느렸어. 약 200년 동안 영국에서는 새 주화가 발행되지 않았던 거야. 영국인들은 재화와 기능을 교환할 때 여전히 물물 교환에 의존했지.

북유럽에서는 데나리우스 주화가 오랫동안 사용되었어. 다른 사람의 목숨을 앗아 간 대가로 벌금을 낼 때도 데나리우스가 오갔지. 이처럼 사망자의 가족이나 집단에 지급해야 하는 돈을 **속죄금**이라 불렀어.

벌금 액수는 부족마다 달랐지만, 죽은 사람의 신분에 따라 벌금을 결정한 점은 모든 부족이 같았지. 자유민을 죽이면 은화 200개를 내야 했고, 사제나 성직자를 죽이면 그보다 두 배 많이 내야 했어. 귀족을 죽이면 은화 1,200개를 내야 했지. 그러나 노예를 죽이면 벌금을 내지 않았어!

알레마니족은 여성을 죽인 자에게는 두 배의 벌금을 부과했어. 반면에 색슨족은 여성을 죽인 경우 남성의 경우보다 벌금이 절반이나 낮았어.

색슨족에 대해 좀 더 알아볼까? 속죄금이 영국 전체로 퍼져 나갔고, 앵글로 색슨족의 알프레드 대왕은 이 제도를 더 확대했어. 알프레드 대왕은 법전에 신체의 여러 부위에 입힌 부상에 대한 속죄금을 다음과 같이 구체적으로 명시했어.

눈 – 66실링 / 무릎 아래 부상 – 12실링
엄지손가락 잘림 – 20실링 / 팔(팔꿈치 근처) 잘림 – 80실링
엄지발가락 – 20실링 / 다리 부러짐 – 30실링
새끼발가락 – 5실링 / 새끼손가락 – 9실링
앞니 – 8실링

통일된 나라엔 통일된 돈!

북유럽에서 속죄금 제도를 도입할 무렵, 중국에서는 여러 지역에서 이미 자신만의 세 번째, 네 번째, 또는 다섯 번째의 새로운 돈을 사용하고 있었어. 고대 중국은 여러 왕조로 분리되어 있었어. 상나라와 위나라 같은 곳에서는 **소금**을 돈으로 사용했고, 주나라의 한 통치자는 **헝겊 조각**을 돈으로 발행했어. **조개껍데기**를 사용한 왕조들도 많았어.

약 3,000년 전, 중국의 일부 지역은 조개껍데기 사용을 중단하고 **구리**와 **청동**을 돈으로 사용하기 시작했어. 이 금속을 칼이나 삽 모양으로 만들었지. 어떤 왕조는 처음에 칼 모양을 사용하다 삽 모양으로 바꿨고, 초나라는 개미 모양이나 무서운 얼굴 디자인을 새긴 주화를 사용했어.

수백 년에 걸친 다툼과 치열한 전쟁 끝에, **진시황**이 처음으로 중국 대륙을 하나로 통일했어. 진시황은 많은 것들을 금지했는데, 책 대부분과 기존에 사용하던 통화들을 금지 목록에 넣었지. 대신에 진나라는 가운데에 네모난 구멍을 뚫은 동그란 엽전, **반량전**을 만들었어.

반량전 하나의 가치는 크지 않았지만, 사각형 구멍 덕분에 반량전 여러 개를 함께 묶을 수 있었어. 전포*는 끈으로 반량전 100개를 묶거나, 1,000개짜리 반량전 꾸러미인 '관(串)'을 만드는 일을 했어.

음, 그런데 말이야. 사실 관은 반량전 980개에 가까웠어. 왜냐하면 전포가 자신의 노력에 대한 보상으로 줄에서 반량전 몇 개를 챙겼기 때문이야. 완전한 관(1,000개 엽전 꾸러미)은 거의 5킬로그램이나 될 정도로 무거워서 대개는 어깨에 짊어지고 운반했어.

후대의 중국 황제들이 반량전을 다른 돈으로 교체했지만, 끈으로 묶을 수 있는 네모진 구멍의 엽전 모양은 그대로 유지했어.

* 한가운데에 사각형 구멍이 있는 엽전을, 대로 만든 끈으로 묶는 일을 했던 사람이야.

날아다니는 돈

무거운 엽전 꾸러미를 이리저리 옮기는 일은 정말 고통스러웠어. 그래서 기발한 중국인들은 자신들의 또 다른 발명품인 **종이**로 눈을 돌려서 새로운 형태의 돈을 만들어 냈지.

금속 주화의 대안:

~~폭죽~~

종이?

종이돈은 당나라(서기 618~907년) 때 상인들이 엽전을 금고에 보관할 수 있게 되면서 사용되기 시작했어. 상인들은 엽전을 맡기고 보관증이나 영수증을 받았어. 보관증은 가지고 다니거나 감추기가 훨씬 쉬웠고, 집에 돌아갈 때 다시 엽전으로 바꿀 수 있었어. 이 영수증을 '비전(飛錢)'이라고 해. 날아다니는 돈이라는 뜻이지.

비전은 돈에 가까웠지만 완전한 돈은 아니었어. 비전으로는 물건을 직접 살 수 없었거든. 이에 비해 송나라(서기 960~1279년)가 발행한 **교자**는 돈에 훨씬 가까웠어. 이 **지폐**는 다른 사람에게 넘길 수 있었고, 정부 은행에 들고 가면 엽전으로 바꿀 수 있었어. 그러나 좋지 않은 점도 있었어. 어떤 교자는 3년이 지나면 유효 기간이 끝나서 가치가 사라져 버렸거든.

너의 열여덟 번째 생일을 위해 교자를 모아 왔단다.

내가 태어났을 때부터….

원나라(1271~1368)는 엽전처럼 자유롭게 사용할 수 있는 지폐인 **교초**를 발행했어. 명나라(1368~1644)가 발행한 지폐도 주목할 만해. 아예 엽전을 대체하려고 만든 지폐였거든. 이 두 지폐는 나라에서 종이에 인쇄된 만큼의 가치를 인정했어. 이러한 지폐를 **'명목 화폐'**라고 해. 오늘날 우리가 쓰고 있는 원, 달러, 유로, 파운드 등 많은 통화가 모두 명목 화폐야.

그런데 명나라는 한 가지 커다란 실수를 저질렀어. 새 지폐를 발행하면서 그 전에 쓰던 돈들을 거두어들이지 않았지, 뭐야. 나라에 돈이 많아진 탓에 **인플레이션**이 심하게 일어났어. 원래 구리 엽전 1,000개에 해당하는 가치가 있었던 1관 지폐가, 1535년에 이르자 겨우 구리 엽전 4분의 1개의 가치밖에 되지 않았대. 헉!

명나라 사람들이 지폐 때문에 곤경에 빠져 있을 때, 다른 나라 사람들은 모두 여전히 주화를 사용하고 있었어.

가장 무거운 화폐

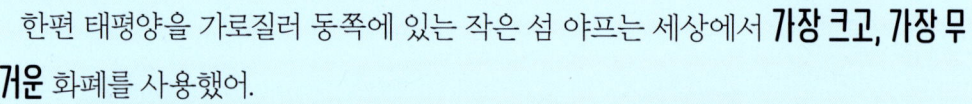

 사실은 모두가 아니라, 대부분이 주화를 사용했다고 하는 게 맞아. 주화가 아닌 다른 것을 돈으로 사용한 나라가 있었거든. 예를 들어 중국의 이웃에 있는 몽골은 차(茶)를 돈으로 사용했어. 이곳에서는 900년대부터 압축한 찻잎 뭉치를 통화로 썼지. 마실 수 있는 돈인 셈이야.

 한편 태평양을 가로질러 동쪽에 있는 작은 섬 야프는 세상에서 **가장 크고, 가장 무거운** 화폐를 사용했어.

 서기 1000년 무렵부터 야프섬 원주민은 '**라이**'라는 **원형 석회암 석판**을 인근에 있는 팔라우 제도에서 채석해서(야프섬에는 석회암이 없거든) 뗏목으로 싣고 왔어. 바다로 수백 킬로미터를 오고 가는 건 위험했지만, 그만큼 보상도 컸지. 크고 오래된 돌일수록 더 가치가 있었어.

이 친구, 좀 비싼 바퀴를 가졌는데.

손바닥만 한 크기의 라이도 많았지만, 어떤 라이는 훨씬 컸어. 가장 큰 것은 **높이가 3.6미터이고 무게는 4,000킬로그램**이나 돼. 코뿔소보다도 무겁지!

이처럼 엄청나게 큰 라이는 음식을 사거나 할 때 말고, 결혼식 같은 큰돈이 오가는 거래를 할 때 사용했어. 돈의 주인이 바뀌어도 돈이 있는 자리는 대개 그대로였지. 큰 돌을 옮기는 일이 너무 힘드니까 말이야! 모두가 그 돌에 새 주인이 생겼다는 것에 그저 동의하기만 하면 되었어.

인구가 적은 아주 작은 섬이지만 야프 사람들은 돈에 욕심이 있었던 것 같아. 라이 말고도, 야프에는 네 가지 통화가 더 있었거든. 끈으로 엮은 작은 조개껍데기, 큰 조개껍데기, 매운 강황 덩어리, 음불(야프의 남자들이 아랫도리에 걸치는 옷을 만드는 데 쓰는 재료)이 그것들이야.

만사 무사의 엄청난 금

특이한 돈을 사용한 곳은 야프만이 아니었어. 아프리카에서는 무거운 금속 십자가(카탕가라고 해)와 감자 으깨는 도구가 돈으로 쓰였어.

부엌에 있는 다른 잡동사니와 달리, **엔수바**라고 하는, 감자 으깨는 도구는 단단한 철로 만들었어. 바피아 사람들(지금의 카메룬에 살았던 사람들)에게 이것은 부엌살림 도구이자 통화였던 거야. 가축을 살 수 있었고, 어… 30개 정도의 엔수바면 아내도 살 수 있었대. 말도 안 돼!

고대 아프리카에서 가장 가치 있는 두 개의 상품은 **소금**과 **금**이었어. **만사 무사**는 1312년 무렵에 강력한 말리 제국의 지도자가 되면서, 이 두 가지를 모두 거머쥐었어. 엄청난 부자가 된 거야.

정확한 수치를 말하기는 어렵지만, 만사 무사는 전 세계에서 채굴된 금의 절반 가까이 소유했어. 그의 재산을 돈으로 환산하면 약 470조 원 정도 됐을 거야. 지금의 그 누구보다 더 부자야.

세계 최고의 부자는 어떤 생활을 했을까? 평범하지는 않았겠지? 1320년대에 만사 무사는 메카를 순례했는데, 8,000명의 신하, 금괴를 옮겨 나르는 12,000명의 노예, 저마다 50~120킬로그램의 금을 실은 100마리의 낙타와 함께 여행했어.

만사 무사의 여행은 세계에서 가장 큰 금 경품 행사라 할 수 있었지. 환호하는 군중에게 수천 킬로그램의 귀금속을 던져 주었거든. 이집트에서는 너무 많은 금이 기부된 탓에 금 가치가 곤두박질쳐서 10년이 넘도록 회복되지 않은 적도 있었어. 그렇다면 이렇게 산더미처럼 많은 금을 어떻게 계산했을까?

돈을 다 날려 버리다

무역 덕분에 몇몇 왕과 일부 왕국은 매우 잘살게 되었어. 그러나 나라마다 사용하는 숫자 체계가 달라서 일이 느려지곤 했어. 중세 유럽의 국가 대부분이 다음과 같은 로마 숫자를 사용했어. II는 2, VIII은 8이고, XXI은 21이라는 숫자지. 로마 숫자에는 0 또는 자릿값*이 없어서 더하기를 할 때 매우 느렸어. 다행히 아랍 상인들에게 좋은 대안이 있었지. 힌두-아라비아(인도-아라비아) 숫자 체계는 0부터 9까지였는데, 바로 오늘날 우리가 사용하는 숫자야.

이탈리아 피사 출신의 젊은 무역상 **피보나치**는 아버지와 함께 알제리로 여행을 갔다가 지중해 주변 여기저기를 돌아다녔어. 그곳에서 그는 아라비아 상인들이 자신들의 숫자 체계를 사용해 빠르게 덧셈을 하는 모습을 보고 놀랐지. 그래서 그 숫자 체계를 고향에 보급하려고 1202년에 《계산책》이라는 책을 냈어. 일반 사람들은 옛날부터 써 오던 로마 숫자를 쉽게 버리지 못했지만, 상인과 은행가들은 새로운 숫자를 사용하기 시작했지.

* 숫자가 위치한 자리에 따라서 정해지는 값이야. 수의 각 자리마다 값이 달라.
  예를 들어, 123에서 1은 100, 2는 20, 3은 3을 의미해.

피사는 이탈리아를 구성하던 여러 도시 국가 가운데 하나였어. 이탈리아 도시들은 유럽에서 무역과 은행업의 중심지였어. 은행 대부분은 고대 그리스의 은행과 비슷했어. 광장에 긴 나무 의자나 책상을 놓고 한두 사람이 앉아서 은행 업무를 보았거든. 이런 책상을 **반카**라고 불렀어.

돈을 다 날려 버린 망한 은행가는 자신의 책상을 부숴 버렸어. 이것을 **반카 로타**(부서진 은행)라고 불렀지. 이 말에서 '파산'이라는 영어 단어(bankrupt)가 유래한 거야.

개인이나 작은 기업이 파산하면, 그들이 할 수 있는 일이 많지 않았어. 그러나 도시 국가에 돈이 바닥나면, 굳이 긴 나무 의자와 책상들을 부수지 않아도 됐어. 모든 사람에게 더 많은 돈을 국가에 빌려주도록 강요하면 됐거든.

유럽 왕족과 거래한 은행가

1170년대 초에 베니스는 비잔틴 제국을 상대로 값비싼 전쟁을 치르고 있었어. 베니스는 돈을 빌리려고 **국채**를 발행했지. 정부가 일종의 대출을 받은 거야. 사람들은 힘들게 일해서 번 돈을 도시에 빌려주도록 강요받았고, 도시는 빌린 돈에 아주 적은 이자를 더해서 돌려주겠다고 약속했어. 물론 나중에 말이야.

이렇게 빌린 돈으로 베니스는 120척의 호화 군함을 만들어 전투를 위해 출항했어.

그런데 전투에서 대패하고 말았어. 함대와 도시의 지도자였던 비탈레 미키엘 총독은 베니스로 돌아오다가 성난 폭도들에게 죽임을 당하고 말았어.

정부가 갚아야 할 빚이 엄청 많았음에도 불구하고, 베니스는 건설, 원정, 전쟁에 필요한 자금을 얻으려고 몇 세기 동안이나 계속해서 국채를 더 많이 발행했어. 빌린 돈을 갚겠다고 **복권**까지 발행했지. 몇 명 되지 않는 '복권 당첨자들'이 받은 것은 기껏해야 자신들이 빌려준 돈이었어. 쯧쯧!

1252년에 베니스의 경쟁 도시 피렌체는 **플로린**이라는 주화를 만들었어. 순금 3.5그램이 들어 있는 플로린 금화는 거의 300년 동안 널리 사용되었어. 이 기간에 이탈리아는 유럽에서 무역의 중심지가 되었고, **피렌체**는 돈을 벌고 이동시키는 도시가 되었어. 피렌체에는 80개가 넘는 은행이 있었는데, 어떤 은행은 광장에 펼쳐 놓았던 책상을 접고 으리으리한 건물 안에 마련한 사무실에서 업무를 처리했어.

이 가운데 **메디치 가문**은 유럽의 왕족 대부분과 거래하는 은행가로 성장했지. 메디치 가문의 재산은 수십만 플로린에 달했어. 당시 도시에서 집 한 채 사는 데 200플로린이 필요했대. 메디치 가문에서는 두 명의 프랑스 왕비와 네 명의 교황이 배출됐어. 이 가문은 무자비한 것으로도 유명해서 경쟁자나 적, 심지어는 같은 가문 사람을 독살한다는 소문이 돌기도 했어.

희망을 안고 주식 사기

베니스가 발행한 국채 기억나? 1300년대까지는 국채를 가진 사람이 갑자기 돈이 필요하면 나라에 빌려준 돈보다 조금 적은 돈을 받고 국채를 다른 사람에게 팔 수 있었어. 국채를 사려는 어떤 구매자는 사람들을 불안하게 해서 국채 가격을 더 떨어뜨리려고 베니스에 문제가 생겼다는 소문을 퍼뜨리기도 했어. 뻔뻔하게 말이야!

유럽에서는 여러 종류의 **부채**와 **대출**을 사고팔기 시작했어. 벨기에 도시 앤트워프는 1531년에 이런 것들을 거래하는 거래소를 열었어. 17세기에는 **주식**과 **지분**을 사고파는 최초의 **주식 거래소**가 문을 열었지.

회사는 주식을 소유하고 있는 사람들을 소유한 양에 따라 작은 부분으로 많이 나눌 수 있어. 사업 자금을 마련하려고 일부 지분을 투자자들에게 팔기도 하지. 투자자들은 회사를 직접 경영할 필요 없이 그냥 앉아서 기다리기만 하면 돼.

사업이 잘되면, 그 회사 **주식의 가치**가 올라갈 거야. 투자자들이 샀을 때보다 비싼 가격에 주식을 팔 수 있다는 뜻이야. 그러나 회사가 어려워지면, 그 회사 주식의 가치가 급격하게 떨어질 수도 있어. 심지어는 가치가 전혀 없어질 수도 있고!

이런 위험이 있는데도, **투자자**들은 나중에 다른 사람들에게 훨씬 비싼 가격에 주식을 팔아 돈을 벌 수 있다는 희망을 안고 주식을 덥석 사들였지.

1720년에 설립된 '퍼클 머신 컴퍼니'는 정사각형 포탄을 발사하는 대포를 만들겠다며 사람들로부터 돈을 모았어! 안타깝게 일이 잘 풀리지 않았고, 이 회사 주식을 한 장당 8파운드(당시에는 매우 큰돈)에 샀던 사람들은 손해를 보고 말았지.

당시 주식을 팔던 많은 회사들은 아시아와 **무역**하려고 또는 치열한 경쟁 관계에 있는 북미 및 남미 대륙과 무역하려고 설립되었어. 탐험가들이 길을 떠난 지 얼마 지나지 않아, 돈을 노리는 사람들이 몰려들기 시작했지.

카카오 콩이 돈이라고?

 금과 은을 노리는 유럽인들이 총을 가지고 도착하기 전, 아메리카 대륙에서는 놀라운 여러 문명의 사람들이 잘 지내고 있었어. 아즈텍(지금의 멕시코)에는 금과 은이 많이 매장되어 있었는데, 이들은 전혀 다른 것을 돈으로 사용했어.

 가장 널리 사용한 것은 **카카오 콩**이야. 그래, 초콜릿의 핵심 성분 말이야. 아즈텍 사람들은 카카오 콩을 신의 선물로 여기고, 다른 물건들을 사는 데 사용했어. 토끼를 사려면 카카오 콩 열 개가 필요했고, 쿠아치틀리라는 면직물을 한 자루 사려면 300개까지 필요했어. 이 면직물도 돈으로 쓰였대.

 너는 아마도 정원을 가꾸는 데 쓰는 연장들이 아주 가치 있다고 생각하지는 않을 거야. 그러나 아즈텍 사람들은 이것도 가치 있다고 생각했어. 거래에 사용된 최고로 가치 높은 돈은 **구리**로 만든 괭이 모양 돈이었어. 이 돈 한 개는 카카오 콩 8,000개의 가치가 있었대.

혹시 잘못해서 외출 금지를 당하거나 방에 들어가 있어야 했던 적이 있니? 이런 처벌이 불공평하다고 생각할지 모르겠지만, 어린이가 돈으로 쓰였던 일에 비하면 아무것도 아니야. 아즈텍의 어떤 부모들은 자녀를 노예나 인신 제물로 팔았어! 당시에 카카오 콩 600개를 받고 아이를 판 사람도 있대. 맙소사!

남쪽으로 더 가면, 수천 킬로미터에 이르는 십자형 도로를 건설한 강력한 **잉카 제국**이 있었어. 앞에서 잉카인들은 돈을 사용하지 않았다고 말한 적이 있지(11쪽을 봐). 그래서 그들은 금과 은으로 예술품이나 의식에 쓸 물건들을 만들었어. 유럽에서 온 탐욕스러운 보물 사냥꾼들은 당연히 이런 물건들에 관심을 보였겠지.

은을 빼앗은 정복자들

아메리카 대륙에 엄청난 재물이 있다는 이야기를 들은 유럽의 군인들과 보물 사냥꾼들은 기꺼이 위험을 감수하며 대서양을 건너 미지의 세계에 발을 들여놓았어. 총, 강철 검, 그리고 말(아즈텍과 잉카 원주민들은 본 적이 없는 동물)로 무장한 **스페인(에스파냐) 정복자**들은 1520년대와 1530년대에 아즈텍과 잉카 원주민을 폭력으로 제압하고 그들의 재물을 마구 훔쳤어.

이국땅에서 엄청난 양의 은이 매장된 산을 발견하게 되었다고 상상해 봐. 정말 놀랍겠지?
스페인 사람들이 16세기에 볼리비아의 포토시에 도착했을 때 실제로 일어났던 일이야. 스페인 사람들은 세상에서 가장 많은 은을 품고 있는 산을 발견한 거야. 이후 그들은 은을 채굴하는 작업에 수만 명에 이르는 원주민을 강제로 동원했어.

포토시에서 1년에 20만 킬로그램의 은을 생산하기도 했대. 어마어마한 양이지. 채굴한 은 대부분은 '피스 오브 에이트(piece of eight)'라는 스페인 은화를 만드는 데 썼어. 주화 하나에 **8레알**(당시 스페인의 통화 단위)의 가치가 있다는 데서 붙은 별명이야. 대서양을 가로질러 은을 나르는 배들은 당시 해적들의 표적이 되었어.

해적들의 약탈에도 불구하고, 유럽으로 흘러 들어온 은이 매우 많아서 유럽의 물가가 크게 올랐어. 당시 유럽은 중국과 활발하게 무역했어. 유럽은 비단, 향신료, 도자기 같은 중국산 상품을 무척 좋아했던 반면에, 중국은 유럽산 상품에는 별 관심을 보이지 않고 은을 원했지.

1550년부터 1800년 사이에, 중남미의 광산에서 전 세계 은 생산량의 85퍼센트 이상이 생산되었어. 놀랍고도 씁쓸한 기분이 드네.

종이로 문제를 해결하다

1685년의 일이야. 지금의 캐나다 지역에 있던 식민지 뉴프랑스에 정착한 유럽인들은 몇 달 동안이나 유럽에서 주화를 공급받지 못했어. 할 수 없이 그들은 **비버 가죽**을 돈으로 사용했는데, 이마저도 바닥났지.

뉴프랑스의 총독 **자크 드 뮐레**는 기발한 생각을 하나 해냈어. 그는 식민지에 있는 모든 **트럼프 카드**를 자기에게 보내라고 명령했어. 그리고 카드를 잘라 거기에 자신의 이름을 서명하고 도장까지 찍어서 현금으로 사용하라고 식민지 거주자들에게 발행해 주었어. 유럽에서 주화가 들어올 때까지 말이야.

자크 드 뮐레가 화폐를 발행한 거지. 중국의 원나라와 명나라가 했던 것처럼(43쪽을 봐), 그리고 스웨덴 은행가가 1661년에 유럽에서 했던 것처럼 북미에서 처음으로 **명목 화폐**를 발명한 거야.

스웨덴에서는 **구리 주화**를 사용했는데 문제가 생겼어. 구리의 가치가 떨어지면서, 주화 크기가 커지고 또 커져서 길이가 무려 70센티미터에, 무게가 18킬로그램이나 되는 구리판이 되어 버린 거야.

1661년에는 스톡홀름 은행의 거물 요한 팔름스트루크가 구리 주화 대신 사용할 수 있게 **크레디티브세들라르**라는 **지폐**를 발행하기 시작했어. 유럽 최초로 지폐가 탄생한 거야. 야호!

가지고 다니기 편한 이 지폐는 엄청난 인기를 끌었어. 그래서 요한은 욕심을 더 내서 은행이 가지고 있는 주화의 양보다 훨씬 많은 지폐를 인쇄했지.

3년이 채 지나지 않아 요한 팔름스트루크는 무너지고 말았어. 그의 은행은 고객들에게 주화를 내줄 수 없었고, 결국은 파산해서 정부가 개입해야 했지. 요한은 사형 선고를 받았어. 그는 결국 처형되지 않았지만, 몇 년 지나지 않아 돈 때문에 처형되는 사람들이 생겨났어.

주화 깎기로 돈 벌기

지폐가 등장하기 전까지 돈과 관련해서 가장 흔하게 일어나던 범죄는 주화 깎기였어. 주화 깎기란 큰 가위나 줄칼을 사용해서 주화의 테두리(옆면)에서 금속을 조금씩 잘라 내거나 깎아 내는 거야.*

사람들이 알아채지 못할 정도로 주화에서 금속을 조금씩만 떼어 내는 거지. 이렇게 해서 모은 금속 조각들을 녹여 덩어리를 만든 다음, 부도덕한 금속 거래상들에게 팔았어.

금화도 깎았지만, 특히 **은화를 깎는 범죄**가 수백 년 동안 발생했어. 1278년만 해도, 600명 넘는 사람들이 주화 깎기 혐의로 체포되어 런던탑에 수감되었어. 그리고 그 가운데 절반 정도가 목숨을 잃었지.

* 주화들을 자루에 넣고 마구 흔들어서 떨어지는 부스러기를 모으는 수법도 있었어.

주화를 깎은 사람들을 처형하는 일은 500년 동안 계속되었어.* 1690년에 영국 액턴에 있는 토머스 로저스와 앤 로저스의 집을 수색했더니, 온갖 종류의 주화 깎는 도구와 깎여 나간 40개의 은화가 발견되었어. 이 부부는 끔찍한 형벌을 받았어. 앤은 산 채로 화형 당했고, 토머스는 줄에 매달린 채 사지가 찢어졌거든.

이처럼 가혹한 처벌에도 불구하고, 주화 깎기가 사라지지 않고 흔하게 행해졌어. 그래서 가게 주인들은 종종 **저울**을 사용해 고객이 내는 주화의 무게가 모자라지 않는지를 확인했지.

기발한 해결책을 찾아내는 데는 위대한 두뇌가 필요했어. 과학자이자 수학자이고 1696년부터 영국 왕립 조폐국에서 국장으로 일한 **아이작 뉴턴** 경이 그 두뇌의 주인공이야.

뉴턴은 톱니바퀴처럼 주화 테두리에 미세한 홈을 많이 파 놓은 주화를 고안해 냈어. 돌출 부분을 긁거나 깎아 내면 바로 눈에 띄었지. 드디어 주화를 깎아 내는 **범죄를 방지**할 수 있게 된 거야.

* 주화를 깎아 낸 영국 여성 캐서린 머피가 1789년에 마지막으로 화형에 처해졌어.

최초의 현대식 중앙은행

　은행은 17세기 유럽에서 호황을 누리고 있었어. 그러자 정부가 행동에 나서기 시작했지. 이는 그리 놀라운 일이 아니야. 앞에서 지폐 이야기할 때 등장했던 스웨덴의 요한 팔름스트루크(59쪽) 기억하지? 그의 은행이 파산한 후, 스웨덴은 국립 은행을 설립했어. 세계 최초의 현대식 중앙은행이지. 이 **국립 은행**은 나라에 공급하는 돈의 양을 통제하고 필요하면 정부에 돈을 빌려주었어.

　1694년, 영국은 프랑스와 전쟁을 하고 있었고, 해군을 재건할 자금을 조달해야 했어. 이 일을 지원하려는 목적으로 영국이 설립한 것이 잉글랜드은행*이야.

　잉글랜드은행은 유럽 최초로 오래가는 **은행권**을 만들었어. 이 은행권은 손으로 쓴 지폐였는데, 50파운드가 가장 작은 액면가였어. 당시는 영국 사람 대부분이 1년에 20파운드도 벌지 못하던 때였어!

　1793년에 5파운드짜리 지폐가 처음 나왔지만, 여전히 은행원이 자세한 내용을 손으로 쓰고 지폐마다 서명을 했어. 완전히 인쇄된 지폐가 처음 나온 때는 1853년이야.

* 영국의 중앙은행이야. 우리나라의 중앙은행은 어디인지 알지? 그래, 한국은행이야.

잉글랜드은행이 런던의 스레드니들 거리로 이전한 때도 바로 이 무렵이야. 오늘날 잉글랜드은행의 거대한 지하 금고에는 금괴 5,000톤이 보관되어 있대. 이 지하 금고를 열려면 음성 암호와 길이가 30센티미터 정도 되는 기다란 열쇠들이 필요하대.

다시 시간을 거슬러 1695년으로 가 보자. 잉글랜드의 국경 북쪽에 **스코틀랜드은행**이 막 문을 연 때야. 설립된 지 33년이 지나서 스코틀랜드은행은 **당좌 대월***이라는 제도를 고안해 냈어. 고객이 자신의 계좌에 있는 돈보다 더 많은 돈을 쓸 수 있도록 은행이 허용하는 제도야. 물론 고객은 초과로 쓴 금액을 일정 기간 안에 반드시 갚겠다고 약속해야 해. 당좌 대월은 소비자들이 물건을 사 주기를 기다리는 기업들에게 요긴한 제도야.

여러 나라가 **중앙은행**을 설립했어. 1800년 나폴레옹 보나파르트가 설립한 **프랑스은행**도 그 가운데 하나야. 나폴레옹과 영국 사이의 전쟁 덕분에 한 가문이 유럽에서 가장 강력한 은행가로 자리 잡게 돼.

* 제품을 생산했지만 당장 쓸 돈이 부족한 기업이 은행에 예금한 돈 이상으로 쓸 수 있게 해 주는 제도야.

세계적인 금융 재벌

나탄 메이어 로스차일드는 독일 프랑크푸르트에서 태어나 1798년에 잉글랜드로 이주한 사람이야. 영어를 하지 못했지만, 맨체스터에서 면직물 파는 사업을 하고, 돈을 빌려주는 대부업도 시작했어. 면직물도 잘 팔렸는데, **대부업**은 더 잘되었지.

얼마 지나지 않아 런던으로 이사한 그는 아예 은행을 설립했어. 은행업에서 가장 필요한 것은 많은 돈이지! 로스차일드는 빠르게 자금을 제공해 주는 사람으로 명성을 얻었고, 그 명성이 워낙 대단해서 영국 정부마저 그와 일급비밀 프로젝트를 함께 할 정도로 그를 신뢰했어.

1810년대에 영국은 나폴레옹과 또다시 전쟁을 치르게 됐어. 영국은 당시에 스페인에서 쫓아낸 프랑스군을 피레네산맥으로 몰고 있던 **웰링턴 장군**에게 현금 뭉치를 전달하려 했지.

로스차일드는 배와 말을 이용해 유럽 전역에 걸쳐 수백 톤의 금을 **밀수**하는 일을 했어. 이 금은 현지 통화로 환전되어 웰링턴의 군대에 보내졌지.

나탄의 형제 제이컵, 칼, 살러먼, 암셸도 모두 유럽에 은행을 설립했어. 이들은 다른 사람이 모르도록 **암어**를 사용해 서로 의사소통을 했고, 때로는 **전서구***로 편지를 보냈지. 웰링턴 장군이 1815년에 워털루에서 나폴레옹을 무찔렀을 때, 로스차일드는 자신의 신속한 정보망 덕분에 영국에서 이 사실을 가장 처음으로 알 수 있었어.

로스차일드는 영국에서 **가장 부유한 사람**이 되었어. 심지어 그는 1826년에 145개의 민영 은행이 파산했을 때, 엄청난 양의 금을 대출해 줘서 잉글랜드은행을 긴급 구제해 주기까지 했지. 로스차일드 가문은 유럽에서 가장 큰 은행가로 성장했고, 나탄의 아들은 **영국 왕립 조폐국**의 책임자까지 되었어.

* 편지를 보내는 데 쓸 수 있게 훈련된 비둘기.

기계로 생산하는 주화

로스차일드 가문이 돈을 많이 벌고 있을 무렵, 화폐를 만드는 기술도 나날이 발전하고 있었어. 수백 년 동안 수작업으로, 그리고 간단한 도구만으로 만들던 주화(동전)가 강력한 기계에 의해서 엄청나게 빠른 속도로 생산되기 시작했어.

증기 기관 개발 과정에서 위대한 일을 해낸 제임스 와트의 사업 동료인 **매튜 볼턴**은 1788년 버밍엄에 **소호 조폐국**을 설립했어. 이 조폐국은 증기 기관을 사용해 동력을 공급함으로써, 금속판에서 1분에 70~80개의 주화를 찍어 내는 기계를 돌릴 수 있었지. 소호 조폐국은 영국에서 사용하는 수백만 개의 1페니 구리 주화를 주조했어. 왕립 조폐국은 마침내 볼턴의 기계를 사서 직접 주화를 찍어 내기 시작했어. 볼턴은 러시아와 덴마크에도 자신의 기계를 팔았고, 수백만 개의 빈 주화(이것을 소전*이라고 해)를 여러 나라에 공급해서 각국이 각자의 고유 디자인을 새길 수 있게 해 주었지.

예를 들면 2,000만 개의 **소전**이, 1792년에 새로 설립된 필라델피아의 **미국 조폐국**에 도착했어. 미국이 자국의 주화를 처음 생산한 것은 이보다 5년 전의 일이야. 유명한 정치인 벤저민 프랭클린이 디자인한 1센트짜리 주화인 페니에는 태양과 해시계 그림이 새겨져 있었어. 그리고 라틴어 FUGIO('내가 날아간다'는 뜻)와 영어 MIND YOUR BUSINESS('당신의 일에 집중하라'는 뜻)라는 문구가 적혀 있었지.

필라델피아를 방문하는 사람들이 프랭클린의 무덤에 너무나 많은 페니 주화를 힘껏 던진 탓에 묘비가 깨지는 일도 있었어. 그의 업적을 기리고 행운을 기원하는 것도 좋지만 좀….

현재 미국 페니 주화 한 개의 무게는 2.5그램이야. 우리나라 10원 동전이 1.22그램으로 더 가볍네. 그럼 세계에서 가장 가벼운 주화는 무엇일까? 인도 비자야나가르에서 주조된 4~6밀리미터 너비의 은 타라 주화야. 이 은화의 무게는 겨우 0.06그램이야.

손으로 만든 조그만 타라와 달리, 현재의 주화들은 컴퓨터로 작동되는 첨단 기계들이 생산하고 있어.

* 무늬를 새기기 전 상태의 주화.

동전은 어떻게 만들까?

해마다 수십억 개의 주화가 새로 만들어져. 오늘날의 **주화**는 그림이 새겨져 있지 않은 동글납작한 금속을 망치로 내리친 후 눈으로 살펴보던 옛날처럼 간단하게 만들어지지 않아. 여러 대의 컴퓨터가 개입하는 복잡한 과정을 거쳐야 하지. 심지어 호주 조폐국은 로비와 타이탄이라는 두 대의 로봇을 사용해 주화를 만들고 있어.

오늘날의 주화는 어떻게 만들어질까? 먼저, 엄청난 무게의 거대한 두루마리 **금속판**이 프레스로 들어가. 프레스는 동전 모양으로 동그랗게 금속판을 잘라 내. 1분에 6,000개 이상을 만들어 내지. 마치 과자를 찍어 내는 기계 같아. 이 과정에서 남게 되는 금속 부분은 새 금속판을 만드는 데 재활용돼.

그림이 새겨져 있지 않은 동글납작한 금속 조각들을 최대 섭씨 950도에서 **굽고**, 황산에 **담근 다음** 볼 베어링으로 **깨끗하게 다듬어**. 그리고 검사를 통해 완벽하게 깨끗한 것만 통과시켜.

다음 단계는 금속 조각의 테두리(옆면)에 **미세한 홈**을 만드는 과정이야. 이 과정을 거친 뒤에 비로소 소전이 되는 거야. 짜잔!

소전을 압인 기계에 넣으면, 주화 디자인이 새겨진 틀이 양쪽 면에 엄청난 압력을 가하지. 이처럼 금속을 무늬가 있는 틀 사이에 넣고 눌러서 무늬를 새기는 것을 **압인**이라고 해. 완성된 주화들의 상태를 검사하고, 기준을 충족하지 못한 **불량 주화**들은 고압 롤러 사이로 들어가. 그러면 으스러지거나 울퉁불퉁한 모양이 되지. 이렇게 하면 돈으로는 쓸모없어지니 재활용되기 전에 도둑맞을 일이 없겠지.

이 모든 절차가 순조롭게 진행되어야 조폐국은 주화를 대량으로 생산할 수 있어. 필라델피아에 있는 **미국 조폐국**은 하루에 3,500만 개가 넘는 주화를 생산하고 있지. 아주 많은 돈이야!

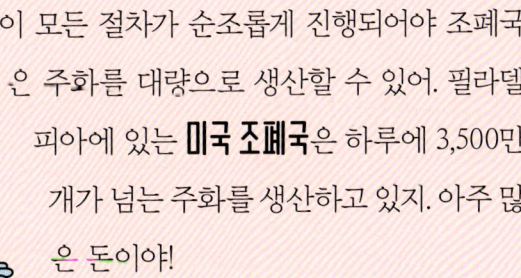

강력한 1달러짜리 지폐

미국 돈 얘기가 나와서 말인데, **1달러 지폐**는 세계에서 가장 잘 알려진 지폐야. 전 세계에 124억 장 이상의 1달러짜리 지폐가 유통되고 있어. 지구상의 인구보다 많은 숫자지.

미국 남북 전쟁(1861~1865)이 최고조에 달했을 때, 에이브러햄 링컨 대통령은 전쟁 비용을 충당하려고 새 돈을 생산하도록 명령했어. 뒷면을 녹색 잉크로 인쇄한 탓에, 그때부터 미국 달러는 그린백이라는 별명을 얻게 되었지. 처음에는 앞면에 엄중한 표정을 짓고 있는 미국 재무부 장관 새먼 체이스의 얼굴이 인쇄되어 있었대. 그의 얼굴은 1869년에 초대 대통령 **조지 워싱턴**의 얼굴로 바뀌었어.

초기의 1달러짜리 지폐는 크기가 꽤 커서(18.7 × 7.9센티미터), '**말 담요**'라는 별명이 붙었어. 좀 과장된 표현이었지만, 하여간 이 책의 폭보다는 조금 더 길었지.

지폐 속 조지 워싱턴은 입을 꼭 다물고 있어. 그는 치아가 안 좋아서 틀니를 꼈대.

미국의 1달러짜리 지폐는 1928년에 크기가 줄어들어 현재 크기가 되었으며, 1963년부터는 디자인도 거의 바뀌지 않았어.

달러 지폐는 실제로는 종이가 아니라, **4분의 3이 면, 4분의 1이 리넨**이고, 파란색과 빨간색 실로 짜여 있어. 1달러짜리 지폐 한 장 만드는 데 들어가는 비용은 7.7센트이고, 유통이 중단되어 폐기되기까지의 지폐 수명은 6년이 채 안 돼.

낡은 지폐에는 잉크와 실이 들어 있어서 재활용할 수 없기 때문에 모두 파쇄해 버려. **파쇄된 달러**를 담은 봉지가 기념품으로 판매되기도 하지만, 대부분은 불에 태우거나 땅에 묻어.

1914년에는 미국 1달러로 4~5 독일 마르크를 살 수 있었어. 그런데 9년이 지나자 같은 1달러로 10억 배의 순이익을 얻을 수 있었지.

* 13개의 피라미드 계단, 13개의 화살, 13개의 올리브잎 등 숫자 '13'이 많이 쓰이고 있는데, 이는 미국이 독립할 당시 13개 주였기 때문이야.

엄청나게 치솟은 물가

37쪽에서 얘기했던 인플레이션 기억나? **초인플레이션**은 통제가 어려울 정도로 인플레이션 현상이 일어나는 상황을 말해. 엄청난 양의 돈을 새로 발행해서 경제 시장에 흘러넘치게 할 때 초인플레이션이 발생해. 이로 인해 **통화 가치가 곤두박질**치면서 물가가 급격히 치솟지.

1920년대 초, 1차 세계 대전에서 패전국이 된 독일은 **전쟁 배상금**(승전국에 대한 배상)으로 큰돈을 내야 했어. 전쟁으로 인해 재정 적자 상태였던 독일 정부는 마르크(독일 통화)를 점점 더 많이 발행했고, 인플레이션이 나날이 심해졌지. 1923년 10월에는 **물가 상승률**이 29,500퍼센트에 달했는데, 이것은 물건 가격이 3.7일마다 두 배씩 올랐다는 뜻이야. 1923년 1월에 250마르크였던 빵 한 덩어리 가격이 11개월 뒤에는 2,000억 마르크로 올랐대.

하지만 사람들의 봉급은 물가가 오르는 만큼 오르지 않았어. 독일 사람들이 뭘 어떻게 할 수 있었을까?

저축해 놓은 돈뿐 아니라 새로 인쇄한 지폐조차 가치가 없어진 탓에, 지폐를 벽지로 쓰거나 아이들에게 줘서 장난감처럼 가지고 놀라고 했을 정도였어. 식량을 얻기 위해, 갖고 있던 귀중품을 **물물 교환** 하기 시작한 독일인들이 많았지.

2차 세계 대전 후에도 이와 비슷한 현상이 일어났어. 초인플레이션 때문에 헝가리인들은 굶주렸고 이들의 저축은 산산조각이 났어. 1946년 인플레이션이 최고조에 달했을 때, 헝가리 물가는 열다섯 시간마다 두 배로 뛰었어.

헝가리의 통화 **펭괴**는 거의 가치가 없어졌어. 그래서 헝가리는 점점 더 큰 액면가의 고액지폐를 발행했어. 국민에게 보급된 가장 큰 고액지폐는 1해* 펭괴짜리였지. 100,000,000,000,000,000,000! 그러나 이 지폐는 미국 돈으로 불과 20센트, 우리나라 돈으로 약 235원이었어!

헝가리와 독일은 모두 정부가 교체되고 **새로운 통화**를 도입하면서 초인플레이션이 진정되었어. 1920년대 유럽에는 불법으로 지폐가 발행되어 고통을 겪은 나라도 있었어. 어떤 나라였을까?

* 해는 억, 조, 경보다 큰 단위야. 1해는 1조의 1억 배에 해당해. 헝가리는 10해 펭괴 지폐도 발행했지만 유통되지는 않았어.

위조범의 사기극

정답은 포르투갈이야. 대규모 **지폐 범죄**의 피해국이 되었지.

그 범죄를 저지른 주모자는 **아르투르 알베스 헤이스**야. 그는 평생 위조 범죄를 저지른 사기꾼이야. 가장 먼저, 그는 엔지니어로 취직하려고 옥스퍼드대학교의 학위를 위조했어. 그러고 나서 위조한 수표로 철도와 자동차 사업체를 샀지.

범죄를 저지른 벌로 감옥에서 54일을 보내는 동안 그는 다시 황당한 계획을 세웠어. 포르투갈 돈을 인쇄하는 영국의 사설 인쇄소를 속여서 **1억 이스쿠두**(포르투갈 돈)를 가로채려는 계획이었지. 그는 포르투갈 중앙은행이 보내는 것처럼 문서를 위조해서, 500이스쿠두 지폐 20만 장을 포르투갈의 식민지인 앙골라로 보내야 하니 돈을 인쇄해 달라고 의뢰했어. 1억 이스쿠두는 포르투갈 전체 경제 규모의 1퍼센트에 해당하는 정도의 큰돈이었어.

1925년에 포르투갈로 들어온 이 돈을, 헤이스는 미국 달러와 영국 파운드로 환전하기 시작했어. 그 결과 포르투갈에는 불법으로 발행한 **500이스쿠두 지폐**가 진짜 지폐만큼이나 많이 유통되었어.

헤이스의 범죄 행위는 여기에서 멈추지 않았어. 이번에는 새로 얻은 재산으로 포르투갈의 **국영 은행**을 갖기 위해 주식을 사려고 시도했어. 자신이 사기를 친 바로 그 기관을 직접 소유하는 것보다 더 나은 범죄 은폐 방법이 어디 있겠어? 그러나 1925년 말에 이르자 의혹이 불거졌고 마침내 그는 체포되었어.

자국 통화에 대한 포르투갈 국민의 신뢰가 곤두박질쳤고, 이듬해에 정부는 군대에 의해 무너졌어. 헤이스는 20년 형을 선고받았지. 그 무렵 다른 나라에서도 돈 문제로 힘들어하는 사람들이 많았어. 1920년대 말, 전 세계적으로 주식 가격이 폭락하면서 많은 사람이 고통을 겪게 되었지.

월스트리트 대폭락!

1920년대는 라디오부터 냉장고와 자동차에 이르기까지 깜짝 놀랄 만한 신상품들이 한꺼번에 쏟아져 나온 시기였어. 이런 물건들의 가격은 비싸서, 미국 사람들은 할부로 그것들을 샀어. **할부**는 구매 대금을 매달 나눠서 갚아 나가는 방식이야. 일종의 **대출**이지.

월스트리트 붕괴

경제가 호황을 누리는 것처럼 보였지만, 많은 회사와 많은 사람이 대출을 지나치게 많이 받고 **과소비**를 한 탓에 무리하게 빚을 지고 말았어. 그리고 위험을 감수하고 주식에 돈을 투자한 사람들도 많았어. 그래서 1929년 10월에 끔찍한 상황이 벌어지고 말았지.

미국 **주식 시장이 붕괴**한 거야. 주식을 팔아 치우는 투자자들이 많아지면서, 많은 금융 회사들의 본사가 있던, (그리고 지금도 있는) 뉴욕시의 월스트리트*가 공황 상태에 빠졌어. 주식 가격은 떨어지고 또 떨어졌지.

* 세계 금융 시장의 중심가로, 뉴욕 증권 거래소와 금융 기관들이 밀집해 있는 지역이야. 미국 금융 시장을 이르는 말이기도 해.

1932년 7월, 주식 시장의 가치는 1929년 9월에 비해 겨우 11퍼센트였어. 끔찍하지! 은행들과 회사들이 문을 닫았고 파산한 농장들도 많았어. 그 결과 1933년에 미국 노동자의 3분의 1이 일자리를 잃고 실업자가 되었지. 빚을 갚지 못한 사람들은 집을 잃었어. 미국은 1930년대 내내 **대공황**에서 벗어나지 못했어.

다른 나라들, 특히 미국과 무역을 많이 했거나 미국 은행에서 대출을 받은 유럽 국가들도 마찬가지로 고통을 겪었어. 전 세계적으로 수백만 명이 일자리를 잃고 경제적 고통을 경험한 거야.

경제가 침체되고 이전보다 사고파는 물건이 줄어드는 것을 **불황**이라고 해. 대공황은 아주 심각한 불황이라는 뜻이야. 그 후에도 심각한 불황이 여러 차례 발생했어. 경제학자들은 어느 나라가 불황인지 아닌지를 판단하려고 여러 가지 지표를 활용해. 그 가운데 하나가 국내 총생산이라는 지표야.

모든 재화와 서비스의 가치

대공황이 발생하자 많은 나라가 현금 부족 상태에 빠졌어. 그런데 한 나라에 실제로 얼마나 많은 돈이 있는지를 어떻게 측정할 수 있을까? 한 가지 방법이 **국내 총생산**(GDP)이야.

국내 총생산은 1930년대에 미국 경제학자 사이먼 쿠즈네츠가 생각해 낸 것인데, 한 나라 안에서 생산한 **모든 재화**(바나나 비디오 게임 같은 것들)와 **모든 서비스**(미용 같은 것들)의 가치를 합한 거야.

국내 총생산이 완벽하지는 않아. 어떤 제품을 만드는 데 사용되는 부품이나 원자재 등은 포함되지 않거든. 그리고 자원봉사자, 무급 간병인, 또는 **지하 경제** (사람들이 어두운 방법으로 돈을 버는 것)가 수행하는 일들도 포함되지 않아.

세계에서 국내 총생산이 가장 큰 나라는 순서대로 미국, 중국, 일본, 독일이야. 투발루와 나우루 같은 태평양의 작은 섬의 국내 총생산이 가장 작아.

3개월마다(이것을 분기라고 해) 국내 총생산을 비교하면, 한 나라의 경제가 성장하고 있는지 아니면 축소하고 있는지를 판단할 수 있어. 이것을 국내 총생산 증가율, 다른 말로 **경제 성장률**이라고 해. 자, 인구가 30만 명인 나라는 인구가 3억 명인 나라보다 분명히 국내 총생산이 작을 거야. 그래서 경제학자들은 때때로 **1인당 국내 총생산**이라는 것을 사용해. 1인당 국내 총생산은 다음처럼 간단하게 계산해.

$$\frac{국내\ 총생산}{인구}$$

2020년 초에 1인당 국내 총생산* 도표의 상위와 하위에 속한 나라들은 다음과 같아(단위는 미국 달러).

상위
카타르 138,910
룩셈부르크 112,045
싱가포르 105,689
아일랜드 86,988
브루나이 85,011

하위
니제르 1,152
에리트레아 1,103
콩고 민주 공화국 873
중앙아프리카 공화국 864
부룬디 724

* 국가통계포털(KOSIS) 사이트에서 우리나라의 1인당 국내 총생산을 알아볼 수 있어.

요새화된 금 보관소

미국에는 100개 나라의 국내 총생산을 합한 것보다 많은 가치의 금을 보관하고 있는 곳이 있어. 켄터키주에 있는 미국 금괴 보관소야. **포트 녹스**라고도 하지.

다른 여러 나라와 마찬가지로, 미국도 많은 금을 **예비**로 비축해 놓고 있어. 금은 나라에 위기가 닥쳤을 때, 그 나라의 통화를 뒷받침하는 데 쓸 수 있는 강력한 **가치 저장 수단**이야.

2020년 봄, 미국은 **4,583톤의 금**을 똑같은 골드바 모양으로 만들어 포트 녹스에 보관했는데, 그 가치가 무려 2,370억 달러(약 278조 원)에 이르러. 이것은 포르투갈이나 그리스, 뉴질랜드의 국내 총생산보다 많지.

1930년대 중반으로 돌아가 보면, 미국이 비축한 금 대부분은 뉴욕과 필라델피아에 보관되어 있었어. 둘 다 해안에 있는 도시지. 독일 같은 적국이 침략해서 훔쳐 갈 것을 염려한 미국은 1937년과 1941년 두 차례에 걸쳐 금을 더 안전한 새 장소, 포트 녹스로 옮겼어. 그렇다면 포트 녹스는 얼마나 안전할까?

사실 포트 녹스는 2만 명 넘는 군인들이 주둔하고 있는 대규모 **육군 기지**야. 육군 기지 옆에 바로 금괴 보관소가 있어서, 아울러서 포트 녹스라고 부르는 거야. 금괴 보관소 주위에는 보안 카메라, 전기 울타리, 지뢰밭이 둘러싸고 있어. 또 **미국 조폐국 특수 경찰**들이 지키고 있어. 무게가 20톤이나 되는 금고 문은 웬만한 폭탄에도 끄떡없대. 두께가 53센티미터나 되는 강철로 만들어졌거든.

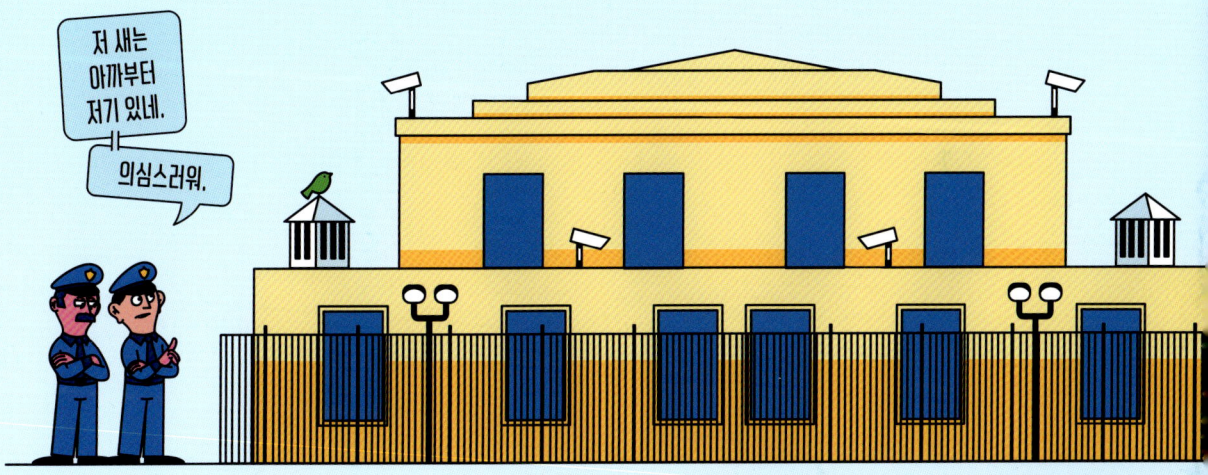

금고 여는 방법을 모두 알고 있는 사람은 한 명도 없어. 비밀번호가 여러 개인데, 사람마다 특정 부분의 비밀번호만 갖고 있거든.

이곳에는 또한 많은 **극비 문서**와 3차 세계 대전에 대비한 엄청난 양의 **의약품**도 보관되어 있대.

이런 거대한 지하 금고는 아무나 갖지 못할 거야.

플라스틱 카드

　1946년의 일이야. 은행가인 존 비긴스는 밥값을 현금이 아니라 자신이 만든 'Charg-it(차지잇)'이라는 카드로 냈어. 나중에 비긴스의 은행이 식당에 현금으로 밥값을 지불했지. 현금을 사용하지 않는 **편리한 지불 방법**, 바로 신용 카드를 고안해 낸 거야. 하지만 비긴스의 카드는 특정 지역 내에서만 사용할 수 있었고 비긴스의 은행에 계좌를 가지고 있어야 했어.

　1950년대에 들어 신용 카드는 전국적으로 유행하기 시작했어. 아메리칸 익스프레스사가 1959년에 플라스틱으로 만든 카드를 출시할 때까지 신용 카드는 모두 두껍고 단단한 종이로 만들었어. 신용 카드의 마그네틱 띠에 정보를 저장하기 시작한 것은 1970년대의 일이야. 오늘날 카드는 대부분 마이크로칩에 정보를 담고 있지.

　신용 카드를 이용해서 물건을 사는 건 **돈을 빌리는 것**과 마찬가지야. 단, 정해진 금액(너의 신용 한도)까지 돈을 빌릴 수 있어. 빌려 쓴 금액을 갚거나 다시 카드를 사용함에 따라 앞으로 쓸 수 있는 금액이 달라져. 신용 카드 회사들은 빌리고 미처 갚지 못하고 있는 금액에 대한 이자를 받는 방법으로 돈을 버는 거야.

1974년까지 미국에서는 남성이 계좌 소유자로 지정해 주지 않으면, 여성들은 신용 카드를 가질 수 없었어. 말도 안 되는 일이지! 오늘날 미국에서만 **10억 개**가 넘는 신용 카드가 발급되어 있어. 이것들을 모두 쌓으면 높이가 에베레스트산보다 86배나 높아.

신용 카드는 편리하고 비상시에 유용한 수단이 될 수 있어. 그러나 신용 카드 때문에 사람들은 자신이 실제보다 부자라고 느끼곤 해. 그래서 자기가 버는 돈보다 훨씬 많은 돈을 써서 큰 빚을 지기도 하지. 신용 카드의 단점이야.

호주에서 일어난 터무니없는 일 때문에 1980년대에 다른 종류의 플라스틱이 지폐에 쓰이기 시작했어.

플라스틱으로 지폐를 만든다고?

호주는 1966년에 자국 통화를 파운드에서 호주달러로 변경했어. 호주 사람들이 새 지폐 사용에 익숙해지기 전에, 지폐를 위조하기로 작당한 다섯 명이 있었지.

머튼, 코드, 애덤, 팝워스, 키드라는 다섯 명의 위조지폐범은 비밀리에 10호주달러 지폐를 8만 장이나 **위조**했어. 엄청 많은 돈이지. 당시 호주 노동자들이 일주일에 60호주달러 정도를 벌었거든. 위조지폐 가운데 일부는 머튼의 뒷마당에 묻혀 있었지만, 나머지는 이들이 붙잡힌 후에도 오랫동안 유통되었어.

그러자 호주인들은 10호주달러 지폐에 대해 불신감을 가지게 되었어. 심지어 10호주달러 지폐를 아예 받지 않는 사람들도 생겨났지. 이 문제를 해결하려고 호주의 중앙은행인 **호주연방준비은행** 총재 너깃 쿰스는 과학자들에게 새 지폐를 디자인해 달라고 요청했어.

시간이 좀 걸렸지만, 마침내 호주는 1988년에 새로운 **폴리머 지폐**를 선보였어. 호주의 뒤를 이어 캐나다, 멕시코, 그리고 2016년에는 영국까지 총 25개국 이상의 나라가 플라스틱으로 지폐를 만들기 시작했어. **유연한 플라스틱**인 폴리머로 만든 새 지폐는 물에 젖지 않고 찢어지거나 구겨지지 않아.

폴리머 지폐는 만드는 비용이 많이 들지만, **수명**이 2~3배 길고 위조하기가 훨씬 어려워. 투명 창과 3D 이미지 같은 새 **보안 장치**를 넣어 지폐를 위조하기 어렵게 했거든.

최근 10호주달러 지폐에는 앵무새가 새겨져 있는데, 지폐를 기울이면 앵무새 날개가 위아래로 펄럭이고 숫자 10의 방향이 달라져. 캐나다의 새 폴리머 지폐는, 단풍잎이 그려진 투명한 부분에 눈을 가까이 대고 들여다보면, 얼마짜리 지폐인지 확인할 수 있게 디자인되어 있어.

지폐가 나날이 발전하는 것 같지 않아? 폴리머 지폐는 실수로 세탁기에 넣더라도 걱정 없겠어. 그리고 사용 기한이 지난 지폐는 플라스틱 제품을 제작하는 데 재활용할 수 있다니 다행이야.

돈을 뽑는 기계

1967년에는 은행 영업시간이 아닐 때에도 현금을 찾을 수 있는 기계가 등장했어. **존 셰퍼드 배런**이 발명한 이 기계는 처음에는 한 번에 10파운드짜리 지폐 한 장만 뽑을 수 있었어. 그래도 기계가 돈을 주다니 놀라운 일이었지.

현금 자동 입출금기(ATM)*는 다양한 이름으로 불렸는데, 초창기에는 고객이 집어넣은 은행 카드를 바로 되돌려주지 않는 기계도 있었어. 나중에 우편으로 돌려주었지. 오늘날에는 기계가 카드를 읽은 후 현금을 내주기 몇 초 전에 되돌려 주지. 고객이 카드를 잊어버리고 자리를 뜨지 않도록 세심하게 설계된 기능이야.

전 세계에 걸쳐 거의 400만 대에 이르는 현금 자동 입출금기가 설치되어 있어. 이 가운데에는 카페리에 실려 바다 위를 다니는 기계도 있어. 추운 남극의 맥머도 기지에도 두 대의 현금 자동 입출금기가 있지. 인도의 버스에는 모바일 현금 자동 입출금기가 설치되어 있고, 태국 두싯동물원의 거대한 코끼리 조각상 안에도 현금 자동 입출금기가 있어.

현금 자동 입출금기를 이용하려면 보안 문제 때문에 대부분 네 자리의 **개인 식별 번호**(PIN)를 입력해야 해. 일본과 브라질의 현금 자동 입출금기는 사람의 손이나 지문을 스캔하는 방법으로 신원을 확인해.

이 기계는 대단해. 내 카드를 돌려주는 걸 잊는 법이 없어!

* 영국에서는 건물 벽을 뚫고 설치하는 경우가 많아서 '벽에 뚫린 구멍'이라는 이름으로 불리기도 했어.

안타깝게도 해마다 수천 건의 현금 자동 입출금기 **관련 범죄**가 발생하고 있어. 현금 자동 입출금기에 소형 카메라를 설치해 놓고 카드 번호와 고객이 입력하는 개인 식별 번호를 촬영하지. **카드를 복제**해서 이용하려는 거야.

기계를 직접 털려는 자들도 있어. 하지만 그러다가는 고약하고 놀라운 일을 경험하게 돼. 현금 자동 입출금기의 문을 억지로 열면 염료 통이 자동으로 작동해서 지폐와 도둑에게 지워지지 않는 빨간색 또는 보라색 염료를 쏘거든. 염료가 묻은 지폐들은 쓸 수 없게 되고, 도둑도 쉽게 찾아낼 수 있지.

현금 자동 입출금기는 사람들에게 현금을 쉽게 쓸 수 있는 편리함을 제공해 주지만, 은행이나 현금을 전혀 이용할 수 없는 사람들도 많아.

가난한 사람들을 위한 은행

우리는 큰길가에 은행들이 들어서 있는 것을 정상이라고 생각하지만, 은행을 이용하지 못하는 사람들이 수백만 명이나 있어. 특히 아주 가난한 나라에서 말이야. 그들에게는 은행 계좌와 은행에 예금할 돈이 없거든.

그리고 대출을 받을 때 은행에 **담보**로 맡길 가치 있는 물건(예를 들어 집), 즉 **자산**도 없어. 담보는 돈을 빌린 사람이 대출금을 갚지 못하면 은행이 빌려준 돈 대신에 가져가는 자산이야.

가난한 사람들이 빌리려는 돈은 그리 많지 않아. 빌리려는 돈이 너무 적으니까 일반 은행들은 관심을 보이지 않지. 방글라데시의 경제학 교수 **무함마드 유누스**는 1975년 어느 시골 마을로 하이킹을 갔을 때, 대략 3만 원을 대출받으려는 한 무리의 여성들을 보고 충격을 받았어. 이 여성들은 대나무로 의자 만드는 일을 했는데, 대출을 받지 않고서는 대나무를 살 수 없었던 거야. 유누스 교수는 이들에게 이자를 받지 않고 자신의 돈을 빌려주었어.

나중에 유누스 교수는 이처럼 적은 금액을 대출해 주는 **소액 대출 은행**을 설립했어. 그 이름은 **그라민은행**이야.

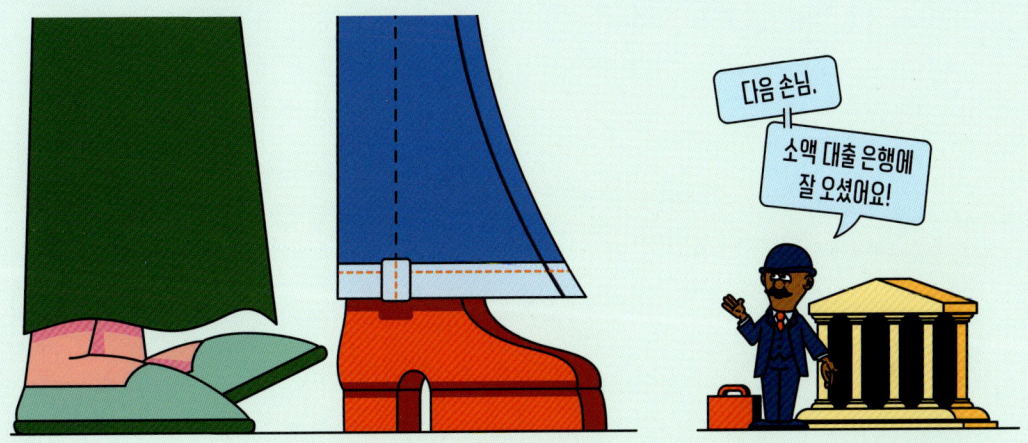

그라민은행이 생긴 이후 많은 소액 대출 은행이 설립되었어. 소액 대출 은행은 사람들이 작은 규모로 지역 사업을 시작하고, 또 유지할 수 있을 정도의 적은 금액을 빌려줘. 사람들을 빚쟁이로 만들었다고 비난받는 소액 대출 은행도 있지만, 소액 대출을 통해 작은 사업을 하고 극심한 가난에서 벗어나게 된 사람들이 많아. 유누스와 그라민은행은 2006년에 노벨 평화상을 받았어. 그때까지 그라민은행이 사람들에게 소액 대출을 해 준 것이 **900만 건**이 넘었어. 그 가운데 97퍼센트가 여성에게 해 준 대출이었지. 평균 대출 금액은 100달러였어.

소액 대출 은행은 일반 은행을 통하지 않고 자금을 조달하거나 대출을 받는 새로운 방법이 되고 있어.

은행을 거치지 않는 대출

하나의 은행이나 한 명의 개인에게 큰돈을 대출해 달라고 하는 대신, 많은 사람들을 대상으로 조금씩 후원해 달라고 요청하는 방법이 있어. 이것을 **크라우드펀딩**이라고 해. 자신이 하려는 사업을 인터넷 사이트나 소셜 미디어를 통해 공개하고 후원금을 모으는 거야. 처음으로 **온라인**을 통해 크라우드펀딩을 시도한 사람들은 영국 록 밴드 마릴리온이야. 이들은 1997년 미국 순회공연에 필요한 자금으로 6만 달러(약 7,056만 원)를 모금했어.

오늘날 온라인 공간을 보면 수백만 건의 모금 요청이 올라와 있어. 대부분은 크라우드펀딩 **사이트**를 이용해. 온라인으로 무엇을 할 것인지, 얼마를 목표로 하는지 등을 올려서 목표액을 달성하려고 해. 모금 기간 안에 목표액이 채워지지 않으면 그동안 모금된 돈은 후원자들에게 모두 돌려줘.

크라우드펀딩의 가장 대표적인 성공 사례는 오큘러스야. **오큘러스사**는 2012년에 머리에 쓰는 가상 현실 디스플레이 장비를 개발하는 프로젝트를 선보여서 250만 달러(약 29억 원)를 모금하는 데 성공했어. 2년 후, 이 회사는 무려 20억 달러(약 2조 3,520억 원)에 페이스북에 팔렸어!

킥스타터는 세계 최대의 크라우드펀딩 사이트야. 2009년부터 18만 건 이상의 사업에 성공적으로 자금 지원을 해 주었어. 새로운 영화나 발명품부터 변기용 야광등, 크리스털 베이컨 귀걸이, 좀비 방지 비누(농담이 아니야) 같은 기이한 물건에 이르기까지 다양한 프로젝트가 있었지.

이제 사람들은 은행을 거치지 않고 자신의 돈을 다른 사람에게 직접 대출해 줄 수도 있어. 이것을 **피투피(P2P) 대출**이라 하는데, 2000년대에 들어 시작된 거야. 중매 서비스업체와 조금 비슷한데, 돈을 빌리려는 사람을 온라인을 통해 돈을 빌려줄 사람들(혹은 투자자)과 연결해 주는 거야. 돈을 빌려줄 사람은 자신의 돈을 누구에게 빌려줄지 선택하고, 은행보다는 높은 이자율로 빌려줘. 그러나 피투피에는 커다란 위험이 있어. 빌려준 돈을 돌려받지 못할 수도 있거든.

친구와 돈을 공유하는 경우가 있어. 그런데 모든 돈을 공유하면 어떨까? 조금 다른 이야기지만 어떤 나라들은 같은 돈을 쓰기로 했어.

같은 돈을 쓰는 나라들

통화 동맹은 둘 이상의 나라가 같은 돈을 사용하기로 하는 거야. 예를 들어 카리브 해에 있는 여덟 개 섬나라는 모두 동카리브달러를 사용해.

2002년에 사상 최대의 통화 동맹이 만들어졌어. 그리스, 네덜란드, 독일, 룩셈부르크, 벨기에, 스페인, 아일랜드, 오스트리아, 이탈리아, 포르투갈, 프랑스, 핀란드, 이렇게 열두 개 **유럽 연합** 회원국이 참여했어. 이들 나라는 모두 자국 통화에 작별을 고하고, 새로운 통화인 **유로**(€)를 쓰기로 합의했어.

관계가 돈독해질 뿐 아니라, 환전할 일이 없어지니 나라들 사이의 거래도 더 활발해질 것이라는 기대에서였지. **유로존** 밖에서 오는 방문객들이나 회사들 역시 하나의 통화만 가지고 다녀도 되니 더 편해질 것이고 말이야.

그런데 합의를 실행에 옮기기 위해서는 할 일이 많았어. 2002년 1월 1일, 유로 데이가 시작되기 전까지 무려 **148억 9,000만 유로**라는 믿기 어려운 양의 지폐를 인쇄해야 했거든. 이 지폐들을 나란히 이어 놓으면, 지구와 달 사이를 두 번 반이나 왕복할 수 있는 길이가 돼. 이게 다가 아니야. 약 530억 개의 주화를 만들어서 열두 개 나라로 옮겨야 했지. 네덜란드에서만 새 주화를 배포하는 데 8,000대의 트럭이 필요했어.

나중에 일곱 개 나라가 더 유로존에 가입해서 지금은 유로를 사용하고 있는 인구가 **3억 4,000만 명**이 넘어. 이들이 사용하는 지폐의 디자인은 모두 같지만, 주화는 한쪽 면만 같고 다른 쪽 면에는 나라마다 고유한 디자인을 새겨 넣었어. 예를 들어 그리스의 1유로 주화에는 아테네의 올빼미가 있어(28쪽을 봐).

특별한 동전 모으기

화폐 수집가들은 재미나 취미로, 또는 투자 목적으로 돈을 연구하고 모으는 사람들이야. 각 나라의 조폐국은 화폐 수집가들을 대상으로 **기념주화**를 만들어 돈을 벌고 있어. 기념주화는 뜻깊은 사건이나 행사를 기념해 특별히 만든 주화야.

2,000년 전 로마 황제 아우구스투스는 열정적인 주화 수집가였어.

유통되는 주화의 대부분은 액면가의 가치만 있지만, 때로 얼마나 생산되었는지에 따라 어떤 주화는 **액면가보다 큰 가치**를 가져. 2007년 모나코에서 2만 개만 발행된 2유로 주화는 오늘날 2,000유로에 거래되고 있어. 큐 왕립 식물원을 기념하려고 영국이 2009년에 만든 50펜스짜리 주화의 가치는 현재 액면가의 250배나 돼. 이 50펜스짜리 주화는 특이하게 7각형 모양이야.

하지만 이건 다음과 같은 기념주화들에 비하면 약과야. 방글라데시의 10포이샤짜리 주화는 꽃 모양이야. 폴란드의 10즈워티짜리 주화는 부채 모양, 소말리아가 2004년에 만든 1달러짜리는 전기 기타 모양이야. 어때?

그리고 색다른 특징을 지닌 주화도 있어. 쿡 제도에서 2007년에 선보인 10달러짜리 주화는 손가락으로 누르면 이스터섬의 **모아이 석상**이 튀어나와.

이에 뒤질세라, 태평양의 또 다른 섬 팔라우는 긁으면 코코넛이나 바다 냄새가 나는 주화를 만들었어. 아프리카의 라이베리아는 진짜 **운석 조각**이 박힌 10달러짜리 주화를 만든 적이 있고.

그런데 그중에서도 가장 특이한 기념주화는 아마도 몽골이 2007년에 발행한 500투그릭짜리 주화일 거야. 이 주화는 존 에프 케네디 미국 대통령이 독일어로 "나는 베를린 사람입니다."라고 말하는 **소리를 재생**해. 그건 1963년 6월 26일 존 에프 케네디 대통령이 당시 서베를린 라트하우스 쇠네베르크에서 한 유명한 연설에서 한 말이야. 소리가 나는 주화라니 정말 신기하지 않니?

마술을 부리는 은행?

사람들은 이자를 벌려고, 직불 카드나 수표 등으로 물건값을 치르려고, 그리고 돈을 안전하게 보관해 줄 것 같아서 은행에 돈을 **예금**하는 거야.

은행이 누구에겐가 대출해 줄 때, 그 사람 손에 현금을 직접 건네주는 일은 거의 없어.

은행은 컴퓨터 자판을 두드려서 대출 금액을 컴퓨터 시스템에 입력하지. 그 순간 마치 마술처럼, 새 돈이 그만큼 창조되고 컴퓨터 전산망을 통해 대출받는 사람의 은행 계좌에 금액이 추가돼.

이것이 이 세상에서 새 돈 대부분이 창조되는 기본 방식이야. 은행은 예금으로 받은 돈 전부가 아니라 조금만 가지고 있으면 돼. 이것을 **부분 지급 준비금 제도***라고 하지. 그 결과 훨씬 많은 돈이 경제에 돌아다니게 되는 거야.

* 예금을 가지고 대출금이라는 새 돈을 창조하는 제도지. 그래서 "돈이 새 돈을 창조한다."고 하는 거야.

부분 지급 준비금 제도

1,000만 원을 안전은행에 예금함. 축하해! 쓸 수 있는 돈 합계 1,000만 원.

안전은행은 그 가운데 10퍼센트인 100만 원을 '지급 준비금'으로 남겨 두고, 나머지 900만 원을 다른 사람에게 대출해 줌. 쓸 수 있는 돈 합계 1,900만 원.

대출받은 사람은 900만 원으로 가구를 삼. 가구 가게는 받은 돈을 최고은행에 예금함.

최고은행은 10퍼센트인 90만 원을 지급 준비금으로 보관하고, 810만 원을 또 다른 사람에게 대출해 줌. 쓸 수 있는 돈 합계 2,710만 원.

대출받은 사람은 시장에서 810만 원어치의 사과를 삼. 과일 가게는 받은 돈을 우수은행에 예금함.

우수은행은 90퍼센트인 729만 원을 대출해 줄 수 있음. 쓸 수 있는 돈 합계는 3,439만 원.

이처럼 은행에 1,000만 원이 예금되면, 은행 시스템에는 이미 3,439만 원이 생기는 거야. 이것이 바로 **돈의 마술**이지!

은행 고객들이 한꺼번에 자신의 돈을 모두 찾는다면, 부분 지급 준비금 제도는 작동할 수 없어. 은행이 가지고 있는 돈이 모자라기 때문이야. 고객들이 동시에 돈을 찾는 것을 **뱅크런***이라고 하는데, 뱅크런 현상이 발생하면 은행은 재빨리 많은 돈을 빌려 와야 해. 돈을 빌리지 못하면 은행은 **파산**하게 돼.

* 많은 사람이 자신의 돈을 서둘러 찾으려고 은행으로 뛰어간다고 해서 만들어진 말이야.

세계 금융 위기

2008년에 은행과 돈의 세계는 엄청나게 부끄러운 **파산**을 경험한 적이 있어. 이때 아주 복잡한 사건들이 연속해서 일어났지만, 그것을 간단히 요약해 볼게. 행운을 빌어 줘!

은행은 갚을 능력이 있는 고객들에게 돈을 대출해 주기를 좋아해. 이자를 안전하게 벌 수 있거든. 반대로 대출을 받아 간 사람이 돈을 갚지 못하면 은행은 돈을 잃게 되겠지.

2000년대 초까지 미국의 집값이 치솟자, 미국 은행들은 갚을 능력이 좀 떨어지는 고객들에게까지 많은 돈을 빌려주는(비우량 대출이라고 해) 등 마구 대출을 해 주었어. 만약의 경우에는 고객이 자신의 집을 팔아서라도 **주택 담보 대출**을 갚을 거라고 생각했지. 그런데 2006년에 집값이 떨어지면서, 은행에서 빌린 돈을 갚지 못하는 고객들이 점점 늘어난 거야. 이때 은행들이 입은 손실이 5,000억 달러(약 588조 원)를 넘었어. 이는 아르헨티나나 남아프리카 공화국의 국내 총생산보다 큰 금액이야. 아이고!

은행이 잃은 돈이 너무 많으면, 돈을 맡긴 예금주들과 회사들에 돈을 내줄 수 없지. 그래서 은행 하나가 파산하면, 많은 사람이 자신의 돈을 잃게 되고 마치 카드로 만든 집처럼 와르르 무너지는 거야. 은행들은 대부분 국제적으로 투자하기 때문에, 전 세계에 걸쳐서 은행들과 회사들이 함께 무너졌어. **공황**이지! 세계의 많은 나라가 엄청난 **부채 위기**를 겪게 되었어.

은행들이 계속 영업할 수 있도록 여러 나라 정부가 수십억 달러의 세금을 써서 지원해야 했어(구제 금융이라고 해). 그리고 정부가 도와줘야 할 회사도 수백 개가 되었지. 정부가 쓴 돈이 어마어마했어.

금융 위기로 세계는 엄청난 경기 침체를 겪게 돼. 수백만 명의 사람들이 예금한 돈, 일자리, 집을 잃었어. 전 세계는 이렇듯 서로 이어져 있어서 한 나라의 경제가 어려우면 다른 나라에서도 영향을 받아.

암호 화폐의 탄생

2008년, 비트코인이라는 새롭고 흥미로운 형태의 디지털 화폐가 공개되었고, 2009년에 처음 발행되었어. **사토시 나카모토**가 발명한 비트코인은 일종의 암호 화폐야. 비트코인은 암호화(코드 작성) 컴퓨팅 과정을 거쳐 만들어지는데, 컴퓨터 네트워크에만 존재하는 거야.

사토시 나카모토의 정체는 베일에 가려 있어. 오랜 시간이 흘렀지만, 그의, 그녀의, 또는 그들의 진짜 정체를 아는 사람은 여전히 아무도 없어.

비트코인은 은행이나 정부의 개입 없이, 두 사람 사이에 돈이 오갈 수 있게 해 줘. 위조하기 어렵고, 사용자들은 비공개 상태를 유지할 수 있으며, 그동안 이루어진 모든 비트코인 거래는 온라인에 영원히 기록으로 남아.

비트코인을 거래할 때마다, 블록(거래 기록)이 **블록체인**이라는 통합 기록에 추가돼. 이 모든 일은 컴퓨팅 파워를 엄청 소모하기 때문에, 비트코인 통화를 유지하고 실행하려면 엄청난 양의 전력이 필요해. 케임브리지대학교가 2020년에 추정한 결과에 따르면, 비트코인은 해마다 그리스나 스위스가 쓰는 전력보다 많은 전력을 쓴다고 해!

비트코인 같은 **암호 화폐**는 법적으로는 가치가 없고, 단지 사람들이 그것에 대해 얼마의 돈을 내려고 하는지만큼의 가치가 있어. 암호 화폐의 가치는 극단적으로 오르락내리락해. 2009년에는 비트코인 한 개의 가치가 12원도 안 됐어. 노르웨이에서 컴퓨터를 전공하던 크리스토퍼 코흐는 장난삼아(실제로는 수업 과제로) 비트코인 5,000개를 27달러(약 3만 원)를 주고 샀어. 그다음에 그는 이 사실을 잊어버리고 있었어.

2013년에 코흐의 비트코인 가치는 85만 달러(약 9억 9,960만 원)나 되었지.

비트코인을 일상 거래에서 사용할 수 있는지 확인하고 싶었던 라스즐로 핸예츠라는 사람이 2010년에 처음으로 실제 거래를 해 보았어. 큰 사이즈 피자 두 판을 주문하고, 비트코인 1만 개를 냈지. 2021년 1월 기준으로, 당시 그가 낸 비트코인은 5,000억 원 이상의 가치가 되었어.

전 세계의 백만장자는 몇 명일까?

비트코인 거래로 부자가 된 사람은 많지 않아. 사업해서 돈을 벌거나 가족으로부터 재산을 물려받아 부자가 된 사람들이 훨씬 많아. 백만장자가 되는 것은 드물고 특별한 일일까?

백만장자라면 보통은 백만 달러 이상의 재산을 가진 사람을 말해. 2020년에는 전 세계에 4,680만 명의 백만장자가 있었는데, 이는 스페인 인구 정도야. 그렇게 드물다고는 볼 수 없지.

하지만 이들 백만장자는 전 세계 인구(78억 명 이상) 가운데 겨우 0.6퍼센트야. 그런데 이들이 소유하고 있는 재산을 모두 합하면 전 세계 재산의 44퍼센트나 돼. 이게 다가 아니야!

자선 단체 옥스팜은 2020년에 전 세계의 **억만장자** 2,153명이 소유하고 있는 재산이 나머지 46억 명의 사람들이 소유하고 있는 재산을 합한 것보다 많다고 보고했어. 정말 놀라울 따름이야!

돼지 저금통을 추가하기만 하면 돼.

지구상에서 마흔세 번째로 부유한 사람(재산 20조 원)은 친잉린이라는 돼지 사육업자야. 참고로, 세계의 부자 순위는 매년 달라져.

한 나라 안에서도 엄청난 **불평등**이 존재해. 예를 들어 미국을 봐. **가장 잘사는 세 명**, 즉 하나(테슬라와 스페이스엑스의 일론 머스크), 둘(아마존의 제프 베이조스), 셋(마이크로소프트의 빌 게이츠)이 소유하고 있는 재산이, **가난한 1억 6,000만 명 미국인**들의 재산을 모두 합한 것보다도 많아.

가장 가난한 사람들 이야기가 나와서 말인데, 네가 음식, 옷, 약, 거주할 곳 등 모든 것을 합쳐 하루에 2,200원도 안되는 돈으로 생활하고 있다고 생각해 봐. 상상하기 힘들 거야, 그렇지? 하지만 이처럼 극심한 가난 속에서 살아가고 있는 사람들이 전 세계에 7억 명이 넘어.

그리고 세계은행이 2020년의 **코로나 바이러스 팬데믹**이 끼친 경제적 영향으로 인해, 지구상에서 4,000~6,000만 명이 추가로 가장 가난한 계층으로 추락할 것이라고 예상했어. 이뿐만 아니라 코로나 바이러스 때문에 가난한 사람들은 생활에 더 많은 어려움을 겪었어.

현금의 종말?

2014년의 일이야. 이혼한 남편 해럴드 햄은 전 부인 수에게 사상 최고 금액의 수표를 써 주었어. 얼마가 쓰여 있었냐고? 974,790,317달러 77센트(약 1조 원)야.

고액 **수표**와 많은 현금이 여전히 우리 주위에서 사용되고 있지만, 대부분의 돈은 놀랍게도 지폐나 주화가 아니야. 컴퓨터 메모리의 바이트로 저장되어 있어. 컴퓨터 네트워크에 연결된 계정과 기계 장치를 통해서 접근이 가능한 **전자 화폐**야. 직불 카드를 사용한 지불부터, 카드나 스마트폰을 활용한 비접촉식 지불에 이르기까지 전자 화폐는 그동안 꽤 훌륭하게 혁신을 이뤄 왔어.

전자적으로 돈을 지출하는 것이 일반적으로 빠르고 편리해. 또 주머니에 현금을 넣고 다니지 않아도 돼서 좋아. 지켜야 할 돈다발이 없어서 개인과 회사 모두가 더 **안전**하다고 느껴.

하지만 전자 화폐를 유지하려면 비용이 만만치 않게 들어. 카드를 읽는 기계를 공급해야 하고, 컴퓨터에 침입해 돈을 훔치려는 해커들을 차단하는 컴퓨터 보안에도 투자해야 해. 2015년에 검거된 러시아 해커들은 20개월 동안 100개의 은행에서 모두 8,896억 원 가까이 훔쳤대. 아이고!

그렇지만 아직은 **현금**을 사용하는 세상이 끝나지 않았어. 현금은 주고받는 방식이 **간단**하고, **사생활이 보장**되며, 사용할 때 인터넷 접속이나 컴퓨터 네트워크나 충전된 스마트폰 등이 필요하지 않아.

더욱이 은행 계좌도 필요 없지. 놀라운 사실이 하나 더 있어. 은행 계좌가 없는 성인이 전 세계에 17억 명이나 돼. 그래서 현금은 미래에도 우리 주위에 남아 있을 거야.

돈은 어떻게 변화할까?

물물 교환에서 비트코인에 이르기까지 지난 수천 년 동안 돈은 환경에 적응하며 계속 변화해 왔어. 미래에 또 어떤 일이 일어날지 아무도 정확히 알 수 없지만, 추측해 보는 일은 재미있을 거야!

스마트 머니를 상상해 보자. 앞으로 돈은 프로그래밍에 의해 생겨날 수 있고, 각종 장비 사이에서 전자 신호로만 오고 갈 수 있어. 이것은 몇 가지 흥미로운 혁신으로 이어질 거야. 예를 들면….

미래에는 건강 계획의 하나로 설정해 놓은 하루 1만 보 걷기를 어느 날 성공적으로 해내면, **스마트 트레이너**가 이를 감지해 신호를 보내서 너의 전자 계정에 약간의 돈을 자동으로 입금해 줄 수 있어.

또 **전자 제품에 내장된 지갑**도 가능해질 거야. 전자 제품의 어떤 기능을 잠금 상태에서 해제해 사용하려면 추가 비용을 내야 하고, 만약 할부금을 내지 못하면 전자 제품이 완전히 잠겨서 사용하지 못하게 될 수도 있어.

미래의 **스마트 자동차**는 사용할 때마다 속도와 주행거리에 따른 요금을 부과할지도 몰라. 심지어 제한 속도를 초과해 달리면 1초마다 벌금이 부과돼서 계좌에서 자동으로 돈이 빠져나갈 수도 있어.

또 다른 가능성은 우리가 돈이 되는 거야. 무슨 소리냐고? 우리의 신체 부위를 스캔해서 신원을 확인하면, 돈이 계좌에서 빠져나가서 물건값을 내는 거야.

유로처럼, 더 많은 나라가 함께 사용하는 **공용 통화**가 생겨날 수도 있어. 아프리카 국가들은 아프리크 또는 아프로라는 단일 통화를 2020년대에 도입하려는 통화 동맹을 논의하는 중이야.

먼 미래에 전 세계가 한 가지 통화를 사용할 수 있게 될까? 만약에 그렇게 된다면 통화 이름은 뭘까? 그 통화는 어떻게 운영될까? 누가 운영할까?

또는 세계 통화가 비트코인처럼 훨씬 큰 블록체인으로 저장되어서, 어느 누구도 책임자가 되지 않을지도 몰라.

디지털이든 형태가 있든, 어떤 방식으로 사용되든, 한 가지만은 확실해. 돈은 앞으로도 오랫동안 우리 주위에 있을 거야.

돈의 연대표

~기원전 3500년
메소포타미아 주변에서 **은행업**과 물건의 **대출**이 시작되고, 거의 같은 시기에 누가 누구에게 무엇을 빚지고 있는지를 간편하게 기록할 수 있는 **최초의 문자**가 만들어졌어.

기원전 5000년 이전
소와 곡물 같은 것들을 선물이나 거래, **물물 교환** 목적으로 사용했어.

1023년
인쇄 기술을 가진 중국은 '교자무'라는 기관을 설치해서 정부가 지폐를 발행하고 관리하기 시작했어.

세계 최초의 지폐가 탄생했어!

1472년
몬테 데이 파스키 디 시에나 은행이 '가난하거나 비참한 사람들'에게 돈을 대출해 주는 목적으로 설립되었어. 많은 사람이 이 은행을 세계에서 가장 오래된 은행이라 생각해.

1545년
스페인 정복자들이 둘레가 거의 10킬로미터에 달하는 **세계 최대 은 매장지**를 볼리비아 포토시에서 발견했어. 이들은 수천 톤의 은을 채굴해서 유럽으로 보냈지.

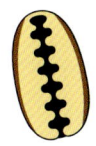

~기원전 1400년
중국이 **개오지 껍데기**를 돈으로 사용했어. 나중에는 청동으로 만든 모조 개오지 껍데기를 사용했지.

~기원전 620년
리디아 왕국(지금의 터키)이, 정해진 무게와 가치를 지닌 **최초의 표준 금속 주화**를 만들었어.

864년
현재까지 존재하는, 세계에서 가장 오래된 조폐국 **파리 조폐국**(모네 드 파리)이 프랑크 왕국의 샤를 2세에 의해 공식적으로 프랑스에 설립되었어. 처음 생산한 것은 리브르, 솔, 데니에르 주화야.

기원전 510년
그리스의 도시 국가 아테네가 발행한 **테트라드라크마 은화**가 널리 유통되었어. 지중해 주변의 다른 국가와 왕국에서 광범위하게 인정된 최초의 주화야.

1602년
네덜란드가 최초의 조직화된 **증권 거래소** 또는 주식 시장을 암스테르담에 설립했어. 뒤를 이어 파리(1724년), 필라델피아(1790년), 런던(1801년)에 주식 시장이 생겼어.

1862년
미국 1달러 지폐가 유통되기 시작했어. 1869년에 미국 초대 대통령인 조지 워싱턴의 얼굴로 지폐 디자인이 변경되었지. 1928년에는 1달러 지폐가 오늘날과 같은 크기로 작아졌어.

1923년
독일이 3~4일마다 물가가 두 배로 치솟는 극심한 **초인플레이션**을 겪었어. 손수레에 가득 실은 현금으로도 충분한 음식을 사지 못했지.

월스트리트 대폭락

1929년
뉴욕 증권 시장의 주식 가격이 폭락하면서 수백만 명에 이르는 투자자들의 돈이 사라졌어. 이로 인해 미국 은행의 거의 절반이 문을 닫고 수백만 명이 일자리를 잃는 **대공황이 시작**되었어.

1995년
대한민국 서울에서, 서울특별시 버스운송사업조합이 세계 최초로 비접촉식 버스 카드 **'유패스'**를 도입했고, 1996년부터 이용을 시작했어. 현재 전 세계의 많은 도시가 이를 따라 하고 있어.

1996년
1988년에 폴리머로 10달러짜리 지폐를 만들었던 호주가 모든 지폐를 **폴리머**로 제작하는 최초의 국가가 되었어.

1999년
유럽 연합에 속한 11개 나라가 단일 통화인 **유로**로 바꾸기로 합의했어. 2002년에 유로 주화와 유로 지폐를 사용할 무렵, 그리스가 추가로 가입해 유로존 회원국이 12개가 되었지.

2007~2008년
글로벌 금융 위기가 미국에서 시작해 전 세계로 퍼졌어. 많은 은행과 금융 회사가 파산하고, 각국 정부는 금융 시스템을 유지하려고 수십억 달러를 지출했어.

1959년
아메리칸 익스프레스가 **최초로 플라스틱으로 만든 신용 카드**를 도입했어.

1971년
영국 돈이 **십진법**을 따르기 시작했어. 1파운드=240펜스에서 **1파운드=100펜스**로 통화를 변경했지. 어떤 사람들은 여전히 이러한 변화에 불만을 드러내고 있어.

1994년
영국의 록 음악가 스팅의 '텐 서머너즈 테일즈'라는 앨범 사본이 **최초로 인터넷상에서 신용 카드로 결제**되어 팔렸어(12.48달러 + 우편 요금). 인터넷 거래의 엄청난 잠재력을 발견한 사람은 피에르 오미디아(이베이 창업자)와 아마존을 시작한 제프 베이조스야. 둘 다 다음 해에 회사를 설립했어.

2009년
최초의 암호 화폐인 **비트코인**이 탄생했어.

2020년
세계적인 **코로나 바이러스 위기**로 인해, 사람들이 집에 머무르며 쇼핑하지 않거나 식당에 가지 않고 여행을 가지 않으면서, 많은 회사가 파산하고 전 세계 경제가 나빠졌어.

돈을 모으는 방법

지금 네가 아무리 쥐꼬리만 한 용돈을 받고 있거나 심부름을 해서 적은 돈을 벌고 있더라도, 돈을 관리하다 보면 더 큰 돈을 모을 수 있어. 돈을 관리하는 일은 매우 쉬워. 다음의 네 가지만 추적하면 되거든.

소득은 너에게 새롭게 들어오는 돈이야. 오, 예!

재산은 네가 소유하고 있는 돈이야. 모은 돈을 말하는 거지.

지출은 단순해. 네가 쓰는 돈이야. 우~!

부채는 다른 사람에게 빚진 돈이야. 우, 우~!

돈을 쓸 때마다 기록하고 한 달에 한 번씩 기록해 놓은 것을 보면, 너의 소비 패턴을 파악할 수 있고 돈을 관리하는 데 도움이 돼.

소득이 지출보다 많다고? 그렇다면 돈을 **저축**할 수 있어. 은행에 통장을 만들어서 저축하면 이자를 받을 수 있어.

저축하는 것은 힘든 일일 수 있는데, 특히 소득이 적은데 사고 싶은 것이 너무 많을 때는 저축이 더 힘들어지지. 네가 다달이 약간의 돈이라도 저축하는 데 도움이 되는 방법이 몇 가지 있어.

- 가까운 거리는 지하철이나 버스를 타지 말고 걸어 봐.
- 대가가 적더라도 이웃이나 친척의 심부름을 해.
- 편의점에서 사 먹지 말고 집에서 간식과 도시락을 싸.
- 생수를 사 먹기보다 재사용 가능한 병에 물을 담아 봐.
- 영화 관람이나 여가 활동의 경우 요금 할인이 되는 조건을 찾아서 활용해.
- 여분의 돈은 반드시 저금통에 넣거나 통장에 입금해.

저축한 돈을 함부로 쓰지 않도록 해. 쓰지 않고 놔두면 저축액이 쑥쑥 불어날 거야. 물론 저축하는 가장 쉬운 방법은 물건을 사지 않는 거야.

사람들은 마법 콩을 사는 걸 바보 같은 짓이라고 했어.

충동구매 금지

물건을 사지 않으면 돈을 절약할 수 있을 뿐 아니라 지구를 구하는 데도 도움이 돼. 우리가 살고 있는 세상은 이미 온갖 물건으로 가득 차 있어서, 사고, 사고, 또 사는 것은 더 많은 포장, 쓰레기, 오염에 대고 환영, 환영, 격하게 환영이라고 말하는 것과 같아.

그래서 물건을 살 때는 정말로 사야 할 물건인지를 신중하게 생각해 보는 게 좋아.

이런 생각을 하다 보면, 낡은 자전거를 고쳐 쓸 수도 있고 친구들과 필요한 것을 교환하는 방법도 떠올릴 수 있어. **돈을 절약하는 방법**은 아주 다양해.

온라인으로 검색하거나 쇼핑하러 가게에 갈 때, 눈길을 사로잡는 게 있을 거야.

1. 일단 멈춰! 그 물건이 꼭 필요한지 자신에게 물어봐. 적어도 1주일 동안 생각해 봐. 1주일 정도가 지나면, 그 물건이 여전히 사야 하는 필수품인지 아닌지를 알게 될 거야.

2. 만약 무엇인가를 사기로 결정했다면, **탐색 작업**에 나서야 해. 여러 사이트 또는 여러 가게를 방문해서 가격(배송비도 잊지 마)을 비교해 봐. 큰 차이가 날 수 있으니까.

3. 가격 할인, 특별 할인 쿠폰, 할인 코드를 찾아봐. 때로는 중복 할인이 가능한 물건도 있어서 더 많이 절약할 수 있어. 그러나 단지 할인 가격 때문에 유혹에 넘어가면 안 돼. 정말로 필요한 물건이 아니라면, 그건 할인이 아니야.

4. 온라인이나 지역 자선 가게, 중고 가게에서 **중고품**으로 더 싸게 살 수 있는 물건은 아닌지 확인해 봐.

이런 방법들을 따라 해 본다면, 자칫 후회할 수도 있는, 불필요한 지출을 피할 수 있을 거야!

돈과 관련된 사고

게임기와 게임팩을 합친 가격이 22만 원이라고 해 봐. 만약 이 게임팩 가격이 게임기보다 20만 원 싸다면, 게임팩 가격은 얼마일까?

많은 사람이 2만 원이라고 대답해. 이렇게 답한 사람들은 틀렸어. 두 개를 합친 가격이 22만 원이고 게임팩 가격이 게임기보다 20만 원 싸다면, 게임팩 가격은 1만 원이고 게임기 가격은 21만 원이야. 사람들이 돈과 관련해서 얼마나 쉽게 헷갈릴 수 있는지를 잘 보여 주는 사례야.

돈 문제에 **주의**를 기울이지 않으면, 비싼 대가를 치를 수 있어. 물건값을 계산하면서 신용 카드 리더기의 합계를 확인하는 것을 깜박하면 잘못된 금액을 결제할 수도 있어.

훨씬 큰 규모의 실수도 있었어. 2012년에 있었던 일이야. 런던의 한 중개인은 컴퓨터에 숫자를 입력하면서 잘라 내기와 붙여 넣기를 하다가 실수를 저질렀어. 이처럼 겉으로는 작은 실수로 보이는 일 하나 때문에, 그가 다니던 회사 제이피 모건은 62억 달러 (약 7조 2,912억 원)라는 엄청난 손실을 보았던 거야!

웨일스에 사는 제임스 하웰스는 2013년에 자신의 오래된 컴퓨터 하드디스크 드라이브를 버렸어. 별일 아니라고 생각할 수도 있어. 하지만 이 하드디스크에는 7,500개의 비트코인이 들어 있었는데, 2020년 말 기준으로 그 가치가 2억 1,500만 달러(약 2,528억 원)를 넘었어. 얼마나 속이 쓰릴까.

물론 사람들이 저지르는 돈 관련 실수는 이게 다가 아니야. 돈에 대한 탐욕이나 팔랑귀 때문에 말도 안 되는 **사기**를 당하거나 **속임수**에 빠지기도 하지.

1995년, 에마뉴엘 뉘드는 자신의 소유도 아닌 나이지리아의 한 공항을 브라질은행에 팔아서 수수료로 100억 원 넘게 챙겼어. 그보다 70년 전에는 사기꾼 빅토르 뤼스티그가 파리의 자부심이자 기쁨인 에펠탑을 고철상들에게 팔았어. 그것도 한 번이 아니라 두 번씩이나!

에펠탑이나 공항을 사라는 제안을 받을 일은 없겠지만, 사실이라고 믿기 어려울 정도로 조건이 너무 좋은 제안을 받는다면 조심해야 해. 일단 지갑을 열기 전에 **충분히 조사**해야 해.

돈 퀴즈

이제까지 돈에 대한 다양한 이야기를 했어. 지금까지 알아본 것을 바탕으로 다음의 문제들을 재미있게 풀어 봐.

1 다른 어떤 나라보다 먼저 지폐를 발행하고 사용한 나라는?

2 데나리우스라는 은화를 사용한 제국은?

3 주화를 만드는 곳을 나타내는 세 글자 단어는?

4 2004년에 만들어진 소말리아의 1달러짜리 기념주화의 모양은? (힌트: 악기)

5 1946년에 1해 펭괴짜리 지폐를 발행한 나라는?

6 호박금(엘렉트럼)으로 만든 주화에 들어 있는 두 가지 금속은?

7 태평양 섬 야프, 팔라우, 타히티 가운데 거대한 돌로 만든 돈을 사용한 곳은?

8 미국의 1달러짜리 지폐에 그려진 인물은?

9 초고액 대출, 소액 대출, 고액 대출 가운데 그라민은행이 해 주는 대출은?

10 세계 최초로 주화를 만든 왕국은?

11 대출 원금과 이자 모두에 대해 이자를 계산하는 방식을 나타내는 단어는?

12 동전 옆면의 톱니바퀴 무늬를 고안한, 세계적으로 유명한 과학자는?

13 유로 지폐와 주화가 처음 통화로 사용된 연도는?

14 고대 그리스의 도시 국가 셀리눈테가 발행한 주화에 새겨진 채소는?

15 한 나라 안에서 생산한 모든 재화와 서비스의 가치를
    시장 가격으로 환산해 합산한 총액을 부르는 말은?

16 포르투갈이 자국 통화를 유로로 바꾸기 전에 사용했던 통화 이름은?

17 2010년에 비트코인을 사용해 구매한 최초의 물건은?

18 2007년 발행된 몽골의 500투그릭 기념주화에 목소리가 담겨 있는 미국 대통령은?

19 돈을 사용하지 않고 직접 물건과 물건을 바꾸는 일은?

답은 123쪽에 있어!

돈과 경제를 더 공부하기

돈과 경제에 대해 더 알아보고 배울 수 있는 사이트와 박물관을 소개해 줄게.

기획재정부 어린이 경제교실

https://kids.moef.go.kr

기획재정부에서 운영하는 어린이 경제 교육 사이트. 기획재정부는 경제 정책을 세우고 예산과 세금으로 우리나라의 살림살이를 맡아보는 중앙 행정 기관이야. 어린이 경제교실 사이트에는 경제에 대한 기초 지식이 잘 정리되어 있어.

기획재정부 경제배움e

https://www.econedu.go.kr

기획재정부가 만들고 한국개발연구원(KDI)이 콘텐츠 개발을 담당하는 경제 교육 포털 사이트. 다양한 경제 교육 자료와 경제 교육 기관의 교육 정보를 제공해. 온라인 배움터에서는 원하는 강의를 신청해서 들을 수 있어.

어린이 국세청

https://www.nts.go.kr/kid/main.do

국세청에서 어린이들을 위해 운영하는 교육 사이트. 국세청이 무슨 일을 하는 곳인지 알아보고, 교과서, 동영상, 학습 만화 등을 통해 세금에 대한 지식을 배울 수 있어. 국세청 활동을 체험해 보고 싶다면 어린이 기자단(초등 4~6학년)에 도전해 볼 수 있어.

국세청 어린이 신문 - 내 친구 세금
https://www.국세청어린이신문.com

국세청에서 운영하는 온라인 잡지 형식의 사이트. 종이 신문으로 발간되던 국세청 어린이 신문이 웹진으로 바뀐 거야. 동영상, 웹툰, 애니메이션 등 여러 디지털 콘텐츠를 통해 세금에 대한 소식과 정보를 살펴볼 수 있어. 국세청 어린이 기자단에 선발된 어린이들이 신문 제작에 참여하고 있어.

공정거래위원회 어린이공정거래교실
https://kids.ftc.go.kr

공정거래위원회에서 어린이들을 위해 운영하는 교육 사이트. 동영상, 웹툰 등을 통해 공정거래와 공정거래위원회에서 하는 일에 대해 배울 수 있어.

KRX 아카데미
https://academy.krx.co.kr

한국거래소(KRX)에서 어린이, 청소년, 성인을 위해 운영하는 금융 교육 사이트. 한국거래소는 증권과 파생 상품을 다루며 우리나라의 자본 시장을 종합적으로 관리하는 회사야. KRX 아카데미에서는 증권과 투자에 관련된 전자책을 볼 수 있고, 게임과 애니메이션을 통해 금융 및 경제 지식을 배울 수 있어.

금융감독원 e-금융교육센터
https://www.fss.or.kr/edu

금융감독원에서 어린이, 청소년, 교사 및 학부모를 위해 운영하는 금융 교육 사이트. 국내 금융 기관들이 운영하는 금융 교육 프로그램을 검색해 보고 신청할 수 있어. 여러 연령층의 눈높이에 맞춘 동영상, 만화, 교재 등의 다양한 콘텐츠를 제공하여, 나에게 맞는 자료를 찾아보고 열람할 수 있어.

한국은행 화폐박물관
서울특별시 중구 남대문로 39 | https://www.bok.or.kr/museum

한국은행은 우리나라의 중앙은행이야. 한국은행에서 운영하는 화폐박물관 건물은 우리나라 초기 근대 건축물로서 1981년에 국가중요문화재인 사적 제280호로 지정되었어. 화폐박물관에는 화폐, 금융, 경제와 관련된 많은 유물과 자료가 전시되어 있어. 다양한 교육 및 체험 프로그램에도 참여할 수 있어.

한국조폐공사 화폐박물관
대전광역시 유성구 과학로 80-67 | https://museum.komsco.com/museum

한국조폐공사는 기획재정부의 감독을 받으며, 화폐, 은행권, 국채 등을 만드는 일을 하는 공기업이야. 한국조폐공사에서 운영하는 화폐박물관은 국내외 화폐 및 관련 문헌이나 유물을 발굴하고 연구하며 전시하고 있어. 또 다양한 교육 및 체험 프로그램도 제공하고 있어.

국립조세박물관

세종특별자치시 국세청로 8-14 | https://www.nts.go.kr/museum/main.do

국립조세박물관은 국세청 1층에 자리하고 있어. 세금의 역사와 조세 제도 및 조세 징수 기관의 변천 과정을 살펴볼 수 있도록 꾸며져 있고, 세금과 관련된 유물들이 전시되어 있어. 유아, 초등, 청소년을 대상으로 세금 체험 프로그램도 제공하고 있어. 또 메타버스 조세박물관을 운영하고 있어서, 온라인을 통해 전시를 관람하고 체험 프로그램에도 참여할 수 있어.

돈 퀴즈 정답

문제도 안 풀고 답부터 보는 건 아니겠지?
문제가 어렵게 느껴진다면 앞쪽 페이지로 가서 배웠던 내용을 다시 살펴봐.

1 중국
2 로마 제국
3 주조소 또는 조폐국
4 전기 기타
5 헝가리
6 금과 은
7 야프

8 조지 워싱턴
9 소액 대출
10 리디아 왕국
11 복리
12 아이작 뉴턴
13 2002년
14 셀러리

15 국내 총생산
16 이스쿠두
17 피자
18 존 에프 케네디
19 물물 교환

용어 설명

거래 사고파는 사람들 사이에 이루어지는 돈이나 자산의 교환.

경제 사람의 생활에 필요한 물건이나 서비스를 만들고 나누고 쓰는 모든 활동.

국내 총생산 한 나라 안에서 일정 기간 동안 생산한 모든 재화와 서비스의 가치를 시장 가격으로 환산해 합한 것. 영어로 GDP이다.

대출 돈이나 물건을 빌려주거나 빌리는 것. 은행에서 돈을 빌리면 이자를 더해 갚아야 한다.

물물 교환 돈을 사용하지 않고 직접 물건과 물건을 바꾸는 일.

복리 빌린 돈과 그에 대한 이자를 모두 합해 이자를 계산하는 방식.

부채 남에게 빚을 지는 일. 또는 그 빚.

불황 경제 활동이 침체되는 상태. 물가와 임금이 내리고 생산이 줄어들고 일자리를 잃는 사람이 늘어난다.

신용 돈을 빌려 쓰거나 물건이나 서비스를 이용한 다음, 약속한 날짜에 빌린 돈을 갚거나 이용 금액을 지불할 수 있는 능력.

암호 화폐 수학과 코드 작성 기술을 이용해서 온라인으로 만들고 저장하는 인터넷 기반 화폐.

액면가 화폐나 수표 등에 적혀 있는 가격. 액면 가격과 같은 말이다.

위조	어떤 물건을 속일 목적으로 꾸며서 진짜처럼 만드는 일.
위험	투자에서 위험은 돈을 잃을 가능성을 말한다.
이자	돈을 빌려 쓴 대가로 치르는 일정한 비율의 돈. 은행은 대출한 사람에게는 이자를 받고 저축한 사람에게는 이자를 준다.
인플레이션	화폐 가치가 떨어지고 물가가 계속 오르는 경제 현상.
자산	돈, 부동산, 자동차 등 개인이나 회사가 소유하고 있는 경제적 가치가 있는 재산.
조폐국(주조소)	주화를 만드는 곳.
주식	주식회사의 자본을 구성하는 단위로, 회사 경영에 필요한 돈을 투자한 사람에게 주는 증서다. 회사가 경영을 얼마나 잘하느냐에 따라 주식 가격이 오르락내리락한다.
주식 시장	주식을 사고파는 시장.
통화량	나라 안에서 실제로 쓰고 있는 돈의 양.
투자	이익을 얻기 위해 어떤 일이나 사업에 돈을 대거나 시간이나 정성을 쏟는 것.
환율	자기 나라 돈과 다른 나라 돈을 바꿀 때의 비율.

찾아보기

가치 저장 수단 15, 18, 80
고대 그리스 28~33, 49
공황 76~77, 98~99, 110
국내 총생산 77~80
금 16~17, 26~29, 36, 46~47, 51, 54~55, 60, 63, 80
금융 위기 76~77, 98~99
노예 31~33, 35, 39, 55
뉴턴, 아이작 61
대출 23~24, 30, 32~33, 49~50, 52, 64~65, 76~77, 88~91, 96~99, 108
독일 72~73, 79, 92, 95
로마 33~38
로스차일드 가문 64~66
리디아 26~28
메디치 가문 51
메소포타미아 20~24
명목 화폐 43, 58
무사, 만사 46~47
물물 교환 12~14, 21, 38, 73, 108
미래의 돈 106~107
바빌로니아인 25
범죄 21, 60~61, 74~75, 84, 87
부채(빚) 32~33, 50, 52, 76~77, 98~99, 112
불평등 102~103
불황 77, 99
비트코인 100~101, 111
선물 10~11
소액 대출 은행 88~89
수메르인 23
숫자 체계 48
신용 카드 82~83, 111
아즈텍 54~55

알베스 헤이스, 아르투르 74~75
암호 화폐 100~101, 111
야프 44~45
엽전 41~43
영국 38~39, 61~66, 85~86, 90, 94, 111
유누스, 무하마드 88~89
은 16~18, 20~21, 26~29, 35~39, 54~57, 60~61
은행 22~23, 30~32, 49, 51, 59, 62~65, 74~75, 77, 82, 84, 86~89, 96~99, 105, 108, 110
이자 23~25, 30, 30, 91, 112
이집트 17, 47
이탈리아 48~51, 92
인플레이션 37, 43, 72~73, 110
잉카 11, 55~57
전쟁 25, 31, 34~35, 50, 62, 64, 70, 72~73
조개껍데기 18~19, 40, 45, 109
조폐국(주조소) 34~35, 61, 65~69, 94, 109
주식 52~53, 75~77, 109, 110
주화 26~29, 34~41, 51, 57, 59~61, 66~69, 93~98, 109
중국 19, 40~43, 57, 79, 108~109
지폐 42~43, 58~59, 62, 70~71, 73~75, 84~85, 108~110
진시황 41
크라우드펀딩 90~91
통화 동맹 92~93, 110
포르투갈 74~75, 92
포트 녹스 80~81
피지 제도 17~18
피투피 대출 91
헝가리 73
현금 자동 입출금기 86~87
호주 68, 84~85, 110
환율(교환 비율) 17

글 클라이브 기퍼드

과학, 정치, 경제 등 다양한 분야의 지식을 담은 많은 책들을 펴낸 작가이자 저널리스트입니다.
그의 책들은 영국 왕립협회, 스미스소니언협회, 학교도서관협회 등 여러 기관에서 상을 받았습니다.
쓴 책으로 《빠르게 보는 우주의 역사》, 《빠르게 보는 수학의 역사》 등이 있습니다.

그림 롭 플라워스

개성 있고 유머러스한 캐릭터와 밝고 화려한 색감이 돋보이는 그림을 그립니다.
그린 책으로 《빠르게 보는 우주의 역사》, 《민속 축제》 등이 있습니다.

옮김 한진수

서울대학교 경제학과를 졸업하고, 동 대학원에서 경제학 석사, 미국 존스홉킨스 대학교에서
경제학 박사 학위를 받았습니다. 현재 경인교육대학교 사회교육과 교수로 있습니다.
쓴 책으로 《청소년을 위한 경제학 에세이》, 《어린이를 위한 슬기로운 돈 공부》 등이 있습니다.

빠르게 보는 돈의 역사 물물 교환에서 비트코인까지

클라이브 기퍼드 글 | 롭 플라워스 그림 | 한진수 옮김

초판 1쇄 펴낸날 2023년 2월 27일 | 초판 2쇄 펴낸날 2024년 6월 4일
편집장 한해숙 | 편집 신경아, 이경희 | 디자인 최성수, 이이환
마케팅 박영준, 한지훈 | 홍보 정보영, 박소현 | 경영지원 김효순
펴낸이 조은희 | 펴낸곳 ㈜한솔수북 | 출판 등록 제2013-000276호
주소 03996 서울시 마포구 월드컵로 96 영훈빌딩 5층 | 전화 02-2001-5822(편집), 02-2001-5828(영업)
전송 02-2060-0108 | 전자우편 isoobook@eduhansol.co.kr
블로그 blog.naver.com/hsoobook | 페이스북 soobook2 | 인스타그램 soobook2
ISBN 979-11-92686-47-9, 979-11-7028-813-8(세트)

A Quick History of Money
© 2021 Quarto Publishing Plc
Text © 2021 Clive Gifford
Illustrations © 2021 Rob Flowers
First published in 2021 by Wide Eyed Editions, an imprint of The Quarto Group.
All rights reserved.
Korean language edition © 2023 by Hansol Soobook
Korean translation rights arranged with The Quarto Group through EntersKorea Co., Ltd., Seoul, Korea.

이 책의 한국어판 저작권은 ㈜엔터스코리아를 통한 저작권사와의 독점 계약으로 ㈜한솔수북이 소유합니다.
저작권법에 의해 한국 내에서 보호를 받는 저작물이므로 무단 전재 및 복제를 금합니다.

어린이제품안전특별법에 의한 제품 표시
품명 도서 | 사용연령 만 7세 이상 | 제조국 대한민국 | 제조자명 ㈜한솔수북 | 제조년월 2024년 6월

※ 값은 뒤표지에 있습니다.

큐알 코드를 찍어서
독자 참여 신청을 하시면
선물을 보내 드립니다.

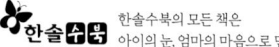
한솔수북의 모든 책은
아이의 눈, 엄마의 마음으로 만듭니다.